A última lição de Michel Foucault

Geoffroy de Lagasnerie

# A última lição de Michel Foucault

## Sobre o neoliberalismo, a teoria e a política

TRADUÇÃO André Telles

TRÊS ESTRELAS

Título original *La dernière leçon de Michel Foucault*

EDITOR Alcino Leite Neto
EDITORA-ASSISTENTE Rita Palmeira
COORDENAÇÃO DE PRODUÇÃO GRÁFICA Mariana Metidieri
PRODUÇÃO GRÁFICA Iris Polachini
CAPA Carolina Vaz
PROJETO GRÁFICO DO MIOLO Mayumi Okuyama
PREPARAÇÃO Cacilda Guerra
REVISÃO Carmen T. S. Costa

Dados Internacionais de Catalogação na Publicação (CIP)
(Câmara Brasileira do Livro, SP, Brasil)

Lagasnerie, Geoffroy de
A última lição de Michel Foucault / Geoffroy de Lagasnerie ; tradução André Telles. – São Paulo : Três Estrelas, 2013.

Título original: La dernière leçon de Michel Foucault.
ISBN 978-85-65339-13-1

1. Foucault, Michel, 1926-1984 2. França – Filosofia política – Neoliberalismo 3. Liberalismo econômico – Filosofia I. Título.

13-01874 CDD-320.510

Índice para catálogo sistemático:
1. Neoliberalismo : Filosofia foucaultiana : Ciências políticas 320.510

Este livro segue as regras do Acordo Ortográfico da Língua Portuguesa (1990), em vigor desde 1º de janeiro de 2009.

TRÊS ESTRELAS

Al. Barão de Limeira, 401, 6º andar
CEP 01202-900, São Paulo, SP
Tel.: (11) 3224-2186/2187/2197
editora3estrelas@editora3estrelas.com.br
www.editora3estrelas.com.br

# Sumário

*Para D., naturalmente.*

"Mais do que legitimar uma teoria, trata-se por ora de estabelecer uma possibilidade."

MICHEL FOUCAULT

# Prefácio

A questão do neoliberalismo ocupa um lugar cada vez mais central no pensamento contemporâneo. Repisada de livro em livro, de tribuna em tribuna, a ideia segundo a qual o desafio supremo de nossa época seria denunciar a invasão das lógicas liberais não cessa de se impor. O neoliberalismo – martela-se, com efeito – alteraria o funcionamento de nosso mundo, redefinindo, evidentemente, as regras da economia. Porém, mais grave, subverteria a organização tradicional da sociedade. Toda a ordem social ver-se-ia abalada por essa irresistível lama de fundo e todas as instituições sobre as quais ela repousa (o Estado, a escola, a família, o direito etc.) seriam afetadas. Uma forma inédita de conceber a articulação entre a política, o direito e a economia, de considerar as relações entre o individual e o coletivo, estaria em vias de se concretizar. E caberia urgentemente às ciências humanas debruçar-se sobre esses fenômenos a fim de apreender suas implicações, avaliar os perigos que eles comportam e propor instrumentos para lhes fazer frente.

Esperava-se que o resultado de tamanha atenção dedicada a um mesmo assunto fosse uma produção particularmente rica e inventiva. Infelizmente, assistimos acima de tudo a uma uniformização e a uma limitação da vida das ideias. Com efeito, na quase totalidade dos setores do campo intelectual, circulam análises decalcadas umas nas outras, mobilizando as mesmas percepções e as mesmas grades de leitura. Em outros termos: atualmente a questão do neoliberalismo atua como um fator de erradicação das divisões teóricas e políticas. Em vez de desencadear uma multiplicidade de interpretações contraditórias, ela suscita sentimentos análogos em pessoas de quem poderíamos esperar que tomassem posições distantes, até mesmo antagônicas. Observamos atualmente, nesse sentido, uma espécie de estreitamento do espaço do pensável e do dizível, de empobrecimento das opções possíveis e disponíveis, em suma, uma crise geral da capacidade de imaginação.

Na abertura da miríade de textos que se arrogam o projeto de denúncia do neoliberalismo, encontramos assim, quase sistematicamente, o mesmo argumento em forma de lamentação: atualmente, tudo que deriva de uma lógica de "comunidade" estaria sendo erodido em nome de uma lógica de individualidade e particularismo. O neoliberalismo instauraria o reino do egoísmo, do autorretraimento. Colocaria em primeiro plano o interesse particular e o "eu", em detrimento do "nós", do "social", da "instituição comum". Por conseguinte, a moral, a religião, a política, o direito etc. perderiam sua força normativa e integradora; as relações de reciprocidade, de dom, de assistência se desgastariam e seriam pouco a pouco substituídas por relações mercadológicas.

Doravante os indivíduos não se submeteriam mais a nenhum princípio superior, tampouco a qualquer valor transcendente indispensável para "constituir" ou "reconstituir sociedade" (as normas ou valores compartilhados, a reciprocidade). O que provocaria ao mesmo tempo uma crise do "laço social" (a desfiliação), da assistência mútua e das solidariedades, além de uma proliferação dos movimentos minoritários, em cujo seio os indivíduos reivindicam direitos específicos (poderíamos chamar isso de... democracia), exprimindo dessa forma sua recusa a submeter-se à ordem simbólica e à lei.

Naturalmente muito haveria a dizer sobre esses discursos, sobre o que ele deixa de pensar e seus limites, sobre as pulsões que movem seus locutores. O que me interessa mais especialmente, contudo, é a maneira como eles revelam uma transformação do pensamento de esquerda e, sobretudo, do humor que reina no espaço da teoria crítica. Esses enunciados atestam efetivamente a influência cada vez mais forte de um paradigma, ou melhor, de um modo de problematização: eles se baseiam em um tipo de percepção para a qual o negativo seria a anomia, a desregulação, a desordem etc., e o inimigo, a "decomposição" de nossas sociedades, a "destruição" do mundo comum, a "diluição" e a "atomização" sociais. Inversamente, esse quadro define como uma necessidade positiva a restauração da "convivência", a ambição de restituir "sentido" à instituição coletiva, reconstruir o "laço social" etc.

Convém notar que tais enunciados não descrevem nada. Não constituem em absoluto análises sérias do fenômeno neoliberal ou das transformações atuais da sociedade. Eles formam um sistema de interpretação, uma grade de inteligibilidade que impõe uma maneira de ver o mundo (o que significa que outros olhares são possíveis e outras representações podem ser elaboradas). E o que a hegemonia dessa estrutura ideológica evidencia é a que ponto a esquerda, em especial a esquerda radical, ficou desorientada, perplexa, desamparada diante do advento do neoliberalismo. Ela se mostrou impotente diante da irrupção desse novo paradigma. Ou melhor, a necessidade política de lutar contra essa "governamentalidade" resultou em uma paralisia das faculdades intelectuais, até mesmo em uma espécie de anti-intelectualismo: o imperativo primordial era denunciar o neoliberalismo; as razões pelas quais essa denúncia podia funcionar pouco importavam – o que tornou impossível qualquer reflexão da teoria crítica sobre seus próprios raciocínios.

A consequência desse estado de coisas foi uma inversão, para não dizer uma transmutação, dos valores: hoje a esquerda fala a linguagem da ordem, do Estado, da regulação. Ela constitui como que um espectro que teria de se esforçar para exorcizar a desordem, apontando como patologias a individualização e a diferenciação dos modos de vida, a proliferação de mobilizações minoritárias sempre novas etc.

Eis a razão que me leva a pensar que hoje nos vemos confrontados com a necessidade de reinventar a esquerda. É imperativo voltar as costas para tais sortilégios, renunciar às fantasias de regulação e ordenação que se exprimem através deles. Cumpre elaborar uma nova linguagem de observação, forjar uma nova teoria crítica que não funcione como uma máquina de denunciar o materialismo, o consumismo, o mercado, o individualismo ou mesmo, pura e simplesmente, a liberdade, a ponto de fazer apologia da norma coletiva e das transcendências institucionais.

O projeto de reatar com o que Pierre Bourdieu chamava de "tradição libertária da esquerda" obviamente não pode frutificar num plano meramente polêmico e estratégico. Este livro não é um panfleto. As pulsões autoritárias que se manifestaram, e continuam a fazê-lo, por conta da luta contra o liberalismo não vêm do nada. Elas revelam uma potencialidade embutida na própria conceitualidade da teoria social e da filosofia política. Talvez, aliás, tenham sido modeladas e convocadas por esta. Logo, é necessariamente esse dispositivo que devemos tomar como objeto: é ele que convém examinar, retrabalhar, reformular. Optei por me aventurar em tal empreitada por meio de uma releitura dos textos que Michel Foucault dedicou ao neoliberalismo (em especial, de seu curso no Collège de France intitulado *Nascimento da biopolítica*), uma vez que, como demonstrarei, seu projeto na época consistia em refletir sobre um problema idêntico: como elaborar uma teoria radical, uma filosofia crítica e uma prática emancipadora na era neoliberal?

# Introdução

## UMA TRANSGRESSÃO

De todos os cursos ministrados por Michel Foucault no Collège de France, *Nascimento da biopolítica* é provavelmente o mais comentado.[1] Por outro lado, e sob muitos aspectos, é certamente o mais controverso. Pois a análise do neoliberalismo sugerida por Foucault, a leitura que ele propõe dos principais teóricos dessa corrente e a interpretação que efetua das políticas que se inspiram nessa doutrina geraram uma grande polêmica: e se Foucault, no fim da vida, estivesse virando um liberal? Esse curso não atestaria que, a partir do início dos anos 1980, ele começava a descer uma ladeira perigosa? Por mais perturbadora que soe tal constatação, não deveríamos nos render à evidência de que, às vésperas da morte, o autor de *Vigiar e punir*,

1 Foucault, Michel. *Naissance de la biopolitique. Cours au Collège de France (1978-1979)*. Paris: Gallimard-Seuil, 2004 [ed. bras.: *Nascimento da biopolítica: curso no Collège de France (1978-1979)*. São Paulo: Martins Fontes, 2008].

personagem não obstante central da esquerda radical do pós--Maio de 68, estava na iminência de dar um passo em falso e descambar para a direita – como, aliás, será o caso de vários discípulos seus na época?

Em apoio a esse tipo de percepção, costuma-se alegar que Foucault não emite, nessas aulas, qualquer crítica ao neoliberalismo – ao passo que emprega fórmulas bastante severas a respeito do marxismo e do socialismo. Embora comente os textos dos neoliberais e descreva a maneira como as políticas implantadas na Alemanha por Helmut Schmidt ou na França por Valéry Giscard d'Estaing inscrevem-se nessa esfera de pensamento, Foucault jamais exprime a intenção de marcar uma distância com relação a tais programas. Em suma, o tom do livro não parece crítico. Tudo se passa como se Foucault fosse tragado por seu objeto, deixando-se fascinar por ele. E como se, longe de forjar instrumentos de resistência contra a revolução neoliberal que começava a se abater sobre o mundo, ele se limitasse a descrever seu advento. Seu silêncio traduziria uma espécie de aprovação tácita.

Pois penso que a acusação de que Foucault é vítima deve ser explicada de outra forma. Ela resultaria de um fenômeno menos perceptível à primeira vista, mais insidioso, logo, talvez, mais fundamental: o fato de que, ao decidir ministrar um curso dedicado à tradição neoliberal, Foucault tenha transgredido uma fronteira profundamente enraizada no campo intelectual.

Ao longo dos últimos sessenta anos, com efeito, construiu-se uma espécie de muro entre o espaço teórico legítimo ou dominante, de um lado, e o neoliberalismo, de outro. Os teóricos neoliberais foram considerados autores proscritos, os quais não nos passaria pela cabeça citar ou sequer ler em filosofia política ou, *a fortiori*, no espaço do pensamento crítico – exceto como vilões, isto é, como aquilo contra o que estruturamos nossa reflexão, aquilo que planejamos desfazer. Seriam elementos estranhos ao campo das referências possíveis ou cogitáveis.

De fato, a teoria liberal é amplamente percebida como perigosa e reacionária. Seus principais autores são descritos sob os traços de personagens duvidosos, ideólogos nefastos que teriam desempenhado um papel determinante na implantação de políticas de desregulação e desengajamento do Estado social. A culpa pelo advento de uma "sociedade neoliberal" recairia, em última instância, na influência cada vez mais forte desse pensamento, por essa razão designado como o inimigo filosófico número um. Assim, ao romper a injunção feita aos intelectuais críticos de ignorar essa tradição ou denegri-la por princípio, Foucault colocou na berlinda um reflexo fortemente enraizado no espaço da esquerda. Eis a razão pela qual ele foi visto como "direitizando-se" ou, em todo caso, afastando-se dessa família de pensamento.

## O NEOLIBERALISMO COMO IDEOLOGIA DE DIREITA

Historicamente, é incontestável que a maioria dos autores neoliberais tenha demonstrado simpatias pela direita, e até mesmo por sua ala mais dura. Inúmeros trabalhos empenharam-se em mostrar que a "revolução conservadora" que varreria o mundo a partir do fim dos anos 1970 havia sido elaborada por grupos fechados reunindo economistas, intelectuais, engenheiros e homens de Estado que pretendiam promover um neoliberalismo radical. O colóquio Walter Lippmann, de 1938, e a Sociedade do Mont-Pèlerin, criada em 1947, foram apresentados como as principais instâncias de elaboração de uma ofensiva contra as conquistas do keynesianismo, de um questionamento – em nome da pretensa superioridade moral e econômica do mercado livre – da regulação da economia e da intervenção do Estado, da proteção social, do direito ao trabalho, dos sistemas coletivos de assistência e de distribuição das riquezas etc. A propósito, é inegável que alguns dos mais renomados teóricos do neoliberalismo, sobretudo Friedrich A. Hayek ou Milton Friedman, tenham influenciado governos como os de Margaret Thatcher ou Ronald Reagan.

A tese que considera o neoliberalismo uma doutrina conservadora, uma ideologia cuja preocupação essencial seria, sob uma aparência científica ou filosófica, servir a uma linha política reacionária, enraíza-se igualmente no fato de que, ao longo de todo o século XX, ele se construiu no âmbito de uma crítica de todas as componentes do pensamento de esquerda, isto é, do marxismo, do comunismo, do socialismo, do keynesianismo e até mesmo, mais amplamente, do conjunto das ideologias que defendem a adoção de medidas de inspiração social.

Em primeiro lugar, o pensamento liberal rejeita categoricamente o marxismo, censurando o caráter totalitário dos regimes comunistas. Ele afirma sobretudo que, ao contrário do que pensava grande parte da esquerda intelectual, existe um elo direto entre os totalitarismos soviético, chinês ou outros e a teoria marxista. Os liberais sempre rechaçaram a ideia segundo a qual esses regimes poderiam ser apresentados como "traições" ao marxismo, como "desvios" ou "erros" que não colocariam em xeque nem a grandeza nem a pertinência da hipótese comunista. Para eles, tais regimes aplicaram ao pé da letra os dogmas da análise marxista. E, portanto, o fracasso dessas experiências históricas assinalaria o fracasso não apenas do comunismo como regime político alternativo ao capitalismo, mas também do marxismo como teoria e visão de mundo articuladas em torno de um certo número de conceitos (classes sociais, exploração, mais-valia, alienação etc.).

Em si, essa maneira de ver as coisas não é muito original. Ela não seria capaz de explicar sozinha a rejeição quase unânime de que é objeto a tradição neoliberal. Com efeito, sabemos que tal concepção não é exclusiva dos liberais, tampouco dos autores de direita, uma vez que a encontramos, por exemplo, em socialistas não marxistas ou ainda na tradição anarquista.

Na verdade, a especificidade dos neoliberais reside no fato de eles não haverem se limitado a tais julgamentos. A partir de sua crítica do comunismo e de sua rejeição do marxismo, eles efetivamente desenvolveram um ponto de vista muito mais radical. Sua intenção foi partir dos problemas levantados pelos regimes comunistas para elaborar uma análise sem concessão das democracias ocidentais e das tendências que as inspiram. Para eles, esses regimes autoritários e totalitários, que todo mundo concorda em condenar, não poderiam ser percebidos como experiências excepcionais que, de certa forma, não nos diriam respeito – ou só nos diriam respeito como objeto de estudo ou tema de indignação convencionado. Esses regimes estariam muito mais próximos de nós do que julgamos. Com efeito, logicamente eles decorreriam de uma atitude ideológica banal e, aliás, largamente aceita nas sociedades democráticas, a saber, a desconfiança em face do mercado livre: o comunismo seria apenas uma variante, levada ao extremo, da ideologia que consiste em querer controlar a produção e a distribuição dos bens, ou ainda em aumentar, em nome de valores "morais" (justiça, equidade etc.), a intervenção do Estado na economia.

A elaboração mais clara dessa concepção, que tende a apresentar como potencialmente totalitária toda medida que vá no sentido de uma grande regulação do mercado e de uma alocação mais justa dos recursos, encontra-se no célebre texto que o economista austríaco Friedrich Hayek publicou em 1944 sob o título *O caminho da servidão*. A obsessão de Hayek nessa obra fundadora é questionar o lugar-comum segundo o qual o que se produziu na Rússia nos anos 1920 e na Alemanha nos anos 1930 (nenhuma distinção importante sendo estabelecida entre o nazismo e o comunismo, como na maior parte dos teóricos liberais) resultaria de circunstâncias raríssimas, impossíveis de se repetir. Segundo Hayek, perceber o comunismo e o nazismo como experiências aberrantes – e, dessa forma, colocar a existência de uma espécie de incomensurabilidade entre o totalitarismo de um lado e as democracias inglesas ou americanas do outro – leva a negligenciar o fato de que estudar os regimes autoritários e seu advento tem interesse para compreendermos a nós mesmos e analisar aquilo que somos.

Segundo Hayek, cumpre partir da seguinte evidência: o totalitarismo não se impôs na Alemanha e na Rússia nem de uma tacada só, nem por acaso. Foi fruto de um lento processo que pode perfeitamente reproduzir-se em nossos países. Se quisermos evitar as mesmas tragédias, convém tirar lições disso. E enfrentar o que a questão totalitária nos impõe repensar em nossa maneira de conduzir nossa política, nosso Estado, nossas leis, nosso sistema econômico etc.

A demonstração proposta por Hayek consiste em dizer que a raiz do totalitarismo se encontraria em uma rejeição ao liberalismo. A crítica do individualismo, o triunfo de uma ética coletivista, a ambição de substituir o jogo do mercado livre e descentralizado pela autoridade de uma instância que controlaria a produção e a distribuição das riquezas, todos esses elementos constituiriam o ponto de partida, ou melhor, a base doutrinal do comunismo e do nacional-socialismo. Portanto, quando esses dogmas começam a se propagar por uma nação, quando os Estados se apropriam deles, quando os intelectuais põem-se a adotá-los e legitimá-los, o totalitarismo não está longe, e o país, lenta mas seguramente, e não raro à sua revelia, toma o caminho da servidão.

No fundo, o *coup de force* de Hayek, e mais genericamente de toda a corrente neoliberal, por intermédio de tais análises, foi implantar a ideia, extremamente forte e perturbadora, segundo a qual existiria entre o comunismo e o nazismo, mas igualmente entre o comunismo e o keynesianismo, algo como uma afinidade íntima, uma comunhão de pensamento, para não dizer uma relação de necessidade. O regime comunista, o regime nazista e os regimes que promovem as regulamentações sociais e o Estado de Bem-Estar Social participariam de um mesmo sistema, de uma mesma invariante político-econômica. Todos partiriam de uma mesma recusa do liberalismo, do individualismo, do mercado livre e descentralizado etc., e, logicamente articulada a este, de uma mesma vontade de utilizar a coerção para alcançar objetivos preestabelecidos em matéria de produção ou distribuição. Por conseguinte, ao contrário do que imaginamos corriqueiramente, o totalitarismo não está atrás de nós. Os totalitários estão entre nós: são aqueles que instauram um sistema de planificação ou justificam a previdência social, que pregam um controle da economia pelo Estado, que defendem uma regulação do mercado, mais impostos etc.

Na verdade, o que os teóricos do neoliberalismo tentam operar através de tais discursos é um deslocamento das divisões que estruturam o espaço político e intelectual. Eles tentam impor – aliás, é nisso que reconhecemos uma teoria inovadora e original – novos sistemas de classificação, novos princípios de visão e divisão. Como demonstra Michel Foucault, os neoliberais empenharam-se em criticar a pertinência da distinção tradicional entre "socialismo" e "capitalismo". Esta, com efeito, levaria a classificar as políticas keynesianas de regulação do mercado sob a rubrica do "capitalismo" (um capitalismo regulado), ao passo que se trata, segundo eles, de medidas que advêm da mesma inspiração que o socialismo. Para os liberais, a verdadeira oposição não se situa entre "socialistas" e "capitalistas", devendo ser estabelecida entre "liberais" e "antiliberais". De um lado, estariam aqueles que aderem aos valores do individualismo e do mercado livre e descentralizado, do outro, todos aqueles que, dos nazistas aos comunistas, passando pelos reformistas socialistas e os partidários do Estado de Bem-Estar Social, pregam, cada um à sua maneira, uma ética coletivista.

## O QUE O NEOLIBERALISMO PRODUZ

A associação, ou melhor, a redução que operamos quase espontaneamente entre o neoliberalismo e esse tipo de análise muito marcada ideologicamente, e que traduz uma grande violência política, explica a rejeição de que essa tradição é objeto. Com efeito, para nossos parâmetros comuns de percepção, há alguma coisa de incongruente ou, mais exatamente, de inaceitável na própria ideia de estabelecer um vínculo entre, de um lado, medidas tradicionalmente associadas ao progresso, como o Estado de Bem-Estar Social, o seguro-desemprego, as ajudas sociais, os sistemas de distribuição, e, de outro, os regimes autoritários ou totalitários. Essas tomadas de posição estratégicas contribuíram para dar um caráter inaudível à doutrina neoliberal em seu conjunto.

Em outros termos: as afinidades políticas expostas pelos principais autores do neoliberalismo ofuscaram a recepção de suas obras e a percepção das outras potencialidades embutidas em seus trabalhos. Em vez de serem considerados contribuições ao debate intelectual, seus escritos foram catalogados como simples produções ideológicas, insufladas por intenções fundamentalmente reacionárias, para não dizer extremistas.

A grande audácia de Foucault – que explica a incompreensão de que seus textos sobre essa questão são, mais do que nunca, vítimas – foi ter rompido com tal percepção, ter explodido a barreira simbólica erigida pela esquerda intelectual, em particular a que se apresenta como radical, contra a tradição neoliberal. Foucault estipulou como projeto ler os principais teóricos dessa corrente, isto é, aqueles que imprimiram a esse paradigma sua radicalidade mais forte (como os economistas Friedrich Hayek, Milton Friedman ou Gary Becker). Quis explorar essa representação do mundo, reconstituir a lógica de seu funcionamento e as hipóteses implícitas sobre as quais ela repousa.

Evidentemente, ao contrário das interpretações que lhe deram espontaneamente, tal atitude não é sinônimo de uma conversão ao neoliberalismo: Foucault não constitui esse sistema como um dogma, cujas recomendações cumpriria aceitar ou cujos programas cumpriria seguir. Sua ideia é mais sutil: consiste em usar o neoliberalismo à guisa de teste, isto é, como um instrumento de crítica da realidade e do pensamento. Trata-se de se colocar à escuta do que essa tradição tem a nos dizer a fim de empreender uma análise de nós mesmos. Pois confrontar-nos com tal doutrina, que foi constituída como o "negativo" de nosso espaço habitual de reflexão, é, de certa maneira, o mesmo que nos confrontar com nosso inconsciente, nos limites de nossa própria reflexão. Isso nos obriga a nos interrogar sobre o que consideramos evidente, sobre o que, sem o saber, descartamos quando formulamos nossos problemas. Em outros termos, Foucault constrói aqui uma espécie de dispositivo experimental: mergulhando nesse universo intelectual, ele pretende viver e nos convidar a viver uma experiência de estranhamento que nos permita vislumbrar a possibilidade de pensar de outra forma, de dar a conceitos tão clássicos da filosofia política ou da teoria crítica como os de Estado, democracia, mercado, liberdade, lei, assim como o de soberania, significações radicalmente novas. Daí esse retorno do recalcado teórico ser suscetível de subverter nossos hábitos, de nos incitar a construir novas linguagens de observação. A Foucault, ele oferece uma oportunidade de imaginar outras formas de olhar a realidade. Poderíamos quase dizer que ele funciona como uma espécie de higiene mental destinada a submeter a uma interrogação radical as categorias de pensamento e percepção que adotamos sem nos dar conta.

No fundo, aqueles que veem o procedimento de Foucault como preocupante ignoram a lógica própria da atitude crítica. Seu comportamento consiste em estabelecer uma definição dogmática e engessada daquilo que deve constituir a esquerda, em determinar *a priori* quais devem ser os conteúdos ou os conceitos dessa tradição: todos os discursos que se afastam dessa norma serão assim automaticamente apontados como de direita ou como uma traição. Ora, se fosse preciso dar uma definição da esquerda, não seria antes aquela que repousa na vontade de sempre repensar a si mesmo? Se fosse preciso caracterizar o gesto crítico, não teríamos de invocar a intenção de sempre reinterrogar o significado de "crítica"?

Constituir o neoliberalismo como um instrumento que abre caminho para uma reflexão sobre nós mesmos não significa, naturalmente, considerá-lo um dado, uma evidência, um fenômeno cuja realidade e cujas características teríamos de aceitar passivamente. Para Foucault, o neoliberalismo não representa apenas o ponto de partida de uma interrogação autocrítica, devendo tal doutrina ser igualmente interrogada. E esta é a razão pela qual devemos insistir no fato de que um dos desafios centrais de *Nascimento da biopolítica* é colocar o problema das condições da elaboração de um verdadeiro questionamento da "governamentalidade" neoliberal.

Pois um dos objetivos de Foucault é libertar o pensamento das fórmulas mágicas, dos enunciados em forma de *slogans* desde sempre utilizados para denunciar os tropeços do neoliberalismo, mas que já serviam para desqualificar o liberalismo clássico e até mesmo o capitalismo. Com efeito, segundo Foucault, existe um conjunto de "matrizes analíticas" que são "reiteradamente ressuscitadas há duzentos, cem, dez anos":[2] elas acusam o capitalismo, o liberalismo e, portanto, hoje, o neoliberalismo de engendrar uma "sociedade de massa", uma "sociedade de consumo", uma "sociedade do espetáculo", ou ainda uma "sociedade da atomização, da uniformização ou da massificação". Em seu curso, Foucault diverte-se com esses autores

2 Idem, ibidem, p. 136.

que "ressuscitam reiteradamente esse mesmo tipo de crítica",[3] que proferem esse discurso anônimo, ou melhor, que são falados por ele. Esses "lugares-comuns de um pensamento a respeito do qual não sabemos muito bem" quais são "a articulação e a ossatura" circulam pelo menos desde o início do século XX. Disso, Foucault dá um exemplo caricato, que funciona como um espelho ampliador: as "teses" formuladas pelo sociólogo alemão Werner Sombart entre 1906 e 1934. Foucault resume o discurso de Sombart nestes termos:

> O que a economia e o Estado burguês e capitalista produziram? Produziram uma sociedade na qual os indivíduos são arrancados de sua comunidade natural e reunidos aos outros em uma forma, de certa maneira, horizontal e anônima, que é a da massa. O capitalismo produziu a massa. O capitalismo, por conseguinte, produziu aquilo que Sombart chama não exatamente de unidimensionalidade, mas de que ele dá a definição precisa. O capitalismo e a sociedade burguesa privaram os indivíduos da comunicação direta e imediata uns com os outros, obrigando-os a comunicar-se exclusivamente por intermédio de um aparelho repressivo e centralizado. Logo, reduziram os indivíduos ao estado de átomos, submetidos a uma autoridade abstrata na qual não se reconhecem. Além disso, a sociedade capitalista coagiu os indivíduos a um tipo de consumo de massa que tem funções de uniformização e normalização. Por fim, essa economia burguesa e capitalista condenou os indivíduos a, no fundo, não estabelecer

3 Idem, ibidem.

comunicações uns com outros senão pelo jogo dos signos e dos espetáculos.[4]

Afirmar que o capitalismo teria engendrado um mundo utilitarista, individualista, marcado pelo desenvolvimento dos fenômenos de massa, de consumo e de uniformização, constitui uma grade de leitura corriqueira e dominante no seio da esquerda intelectual – e até mesmo de certa fração da direita. Ela volta de maneira quase obsessiva. A propósito, constatamos que a situação permanece inalterada: ainda hoje, a quase totalidade dos discursos hostis ao neoliberalismo endossa as mesmas recriminações.

Segundo Foucault, é urgente nos livrarmos dessas matrizes analíticas "com as quais o problema do neoliberalismo é comumente abordado".[5] Pois na realidade essas são críticas tão somente *na aparência*. No fundo, não passam de proclamações vazias. Não têm qualquer eficácia ou efetividade. Por que razão? Porque ignoram a "singularidade" do neoliberalismo.

Esses discursos tradicionais assimilam, como se fosse tudo a mesma coisa, o neoliberalismo ao liberalismo clássico, o liberalismo clássico ao capitalismo, o capitalismo à dominação da burguesia etc. Eles forjam um grande relato uniforme, homogêneo, no qual nunca há lugar para a novidade. "Laminam o presente em uma forma reconhecida pelo passado" e consideram esse presente uma simples "repetição" desse

4 Idem, ibidem, p. 117.

5 Idem, ibidem, p. 136.

passado.[6] Transpõem matrizes históricas antigas para a situação atual, fazendo de conta que "o que era então é o que é agora". Por conseguinte, condenam-se necessariamente a errar o alvo: mascaram a realidade presente em vez de adquirirem ferramentas para compreendê-la e, só então, questioná-la.

É precisamente para escapar a tais vieses que Foucault julga indispensável ler os teóricos neoliberais, compreender o que eles buscaram fazer. O ponto de partida de uma análise crítica do neoliberalismo deve consistir em apreender esse fenômeno em sua singularidade: "O que eu gostaria de lhes mostrar é que, justamente e apesar de tudo, o neoliberalismo é uma coisa diferente. Coisa grande ou pequena, não faço ideia, mas com certeza alguma coisa. E é essa alguma coisa em sua singularidade que eu gostaria de tentar captar".[7]

*Nascimento da biopolítica* pode então ser lido como uma meditação sobre a crítica, sobre o significado de ser crítico, e supõe que a condição da formulação de uma prática de resistência ao neoliberalismo é detectar a especificidade desse fenômeno. Mas por que seria preciso, a partir disso, nos interrogar sobre nós mesmos? Por quais razões Foucault vai mais longe e propõe fazer da teoria neoliberal o instrumento de uma renovação da teoria? Porque, segundo ele, apenas tal atitude permite conceber uma contestação do neoliberalismo que escaparia à nostalgia e não oporia, ao neoliberalismo, o que ele próprio derrotou.

6 Idem, ibidem.

7 Idem, ibidem.

Tocamos aqui em um problema central, com o qual se confrontaram todos os grandes autores radicais: como neutralizar a potencialidade passadista ou reacionária necessariamente embutida no bojo de todo projeto crítico? Como questionar uma ordem vigente sem que isso resulte, quase automaticamente, em adesão à ordem antiga ou na percepção desta como um momento que inspire saudade? E, por conseguinte, mais especificamente: como conceber uma investigação crítica do neoliberalismo que não apresente de maneira valorizada o que o neoliberalismo derrotou, que não se baseie, consciente ou inconscientemente, nos valores pré-liberais?

Para escapar a tais dificuldades, Foucault propõe pensar a ruptura histórica engendrada pelo surgimento dessa governamentalidade em termos de "singularidade", de inovação – ou seja, de "positividade": cumpre detectar a novidade do neoliberalismo. Cumpre romper com a problemática da "perda", da "destruição", do "luto", que estrutura a escrita tradicional da história do neoliberalismo. Não cumpre perguntar o que as lógicas liberais "desfazem" ou pretender evidenciar o que elas "destroem"; cumpre, ao contrário, perguntar-se o que elas produzem. Não cumpre lamentar o que se elabora por meio do neoliberalismo, mas, inversamente, partir do que ele é, a fim de se perguntar o que ele nos impõe reconsiderar.

A intenção de Foucault, portanto, é renovar a teoria, proporcionando-lhe os meios de conciliar uma percepção positiva da invenção neoliberal e uma perspectiva de crítica radical. Nesse sentido, não é inútil apontar que seu gesto é bastante similar ao realizado por Marx, em 1875, quando atacava a relação dos socialistas alemães com o capitalismo.[8] Um dos pontos centrais da *Crítica do Programa de Gotha*, de Marx, é efetivamente a admoestação dirigida aos social-democratas por conceberem a burguesia como um elemento, entre outros, de uma grande classe "reacionária" – na qual encontraríamos tanto membros da classe média quando "feudais" – à qual os "operários" deveriam se opor. Segundo Marx, tal diagnóstico é absurdo. Ele passa totalmente ao largo da singularidade da situação econômica e social do fim do século XIX. Para ele, apreender a "positividade" do capitalismo é compreender e aceitar que a classe burguesa é uma classe autenticamente revolucionária: ela transformou as relações econômicas, emancipou os indivíduos dos pertencimentos tradicionais; substituiu as relações feudais de sujeição por relações jurídicas entre homens dotados de direitos formalmente "iguais" e pelo viés de mecanismos de mercado. Para Marx, não é possível abordar o problema da burguesia em termos negativos – sobretudo tratando-se, mais tarde, de combatê-la. Caso contrário, vemo-nos condenados, como os social-democratas, a confundir revolução e reação – isto é, a apresentar como revolucionária uma política que tende a restaurar e restabelecer realidades desarticuladas e superadas pela burguesia, isto é, retroceder. É o que Marx chama de "crítica pré-capitalista do capitalismo".

Para evitar tais impasses, Marx defende a necessidade de abordar a burguesia e o capitalismo como fenômenos

8 Marx, Karl. *Critique du programme de Gotha*. Paris: La Dispute, 2008 [ed. bras.: *Crítica do Programa de Gotha*. São Paulo: Boitempo, 2012].

revolucionários. Convém apreender positivamente suas contribuições: o que eles produziram? O que geraram como novos direitos, novas liberdades, novas emancipações? De que realidades inéditas impuseram a existência? Em certo sentido, o comunismo tal como Marx o definiu em alguns de seus textos poderia parecer uma maneira de concretizar um dado número de ideais emancipadores prometidos e encampados pela revolução burguesa, mas que esta não conseguiu tornar efetivos e cujo advento ela própria impediu, ao reinstaurar por intermédio do mercado um sistema de exploração e determinação coletivas (as relações de classe). A revolução comunista não se define como reação à revolução burguesa. De certa forma, ela se inscreve na herança desta e se esforça para radicalizá-la, isto é, busca partir do que a revolução burguesa inventou para reativar essa herança, regenerá-la – e, portanto, transformá-la radicalmente.

É num espírito idêntico que Foucault aborda, e nos convida a abordar, o neoliberalismo. Ele formula os mesmos princípios de análise, os mesmos modos de problematização. Além disso, o autor de *A vontade de saber* afirma que a escrita de uma história crítica do fenômeno neoliberal deve apontar o que se inventa por meio dele, os novos tipos de agenciamentos político-econômicos, conceitos e representações a ser considerados. O neoliberalismo constrói novas percepções do Estado, do mercado, da propriedade de si ou de seu corpo. Engendra novas existências democráticas, sociais ou culturais, novas relações com a violência, a moral e a diversidade. Questiona a legitimidade de inúmeros contextos tradicionais de regulação e controle. Colocar-se em contato com o que essa tradição renova é, portanto, proporcionar-se meios de discernir ao mesmo tempo, *e em um mesmo movimento,* as promessas de emancipação encarnadas pelo neoliberalismo e as razões pelas quais ele não as cumpre. Isso, a fim de detectar, nas contradições internas que o perpassam e minam, os pontos de apoio de uma ação visando a transformá-lo e, simultaneamente, selecionar e assimilar suas exigências mais válidas e legítimas. O que se situa nos antípodas dos discursos que, concentrando-se nos perigos que comportaria o advento dessa nova situação, terminam por oferecer como horizonte possível um mero retorno ao passado.

# Neoliberalismo, uma utopia

Só é possível compreender o interesse, que às vezes beira o fascínio, de Foucault pelo neoliberalismo com uma condição: romper com o hábito que consiste em vê-lo como uma ideologia conservadora ou reacionária. Com efeito, existe uma tendência mais do que notória na literatura midiática, política ou intelectual a descrever o neoliberalismo sob os traços de uma doutrina que tem como uma de suas características essenciais estar associada à perpetuação da ordem. Tratar-se-ia de uma concepção que se oporia permanentemente à mudança. Que trabalharia, fundamentalmente, para preservar a situação vigente.

Essa posição conservadora do neoliberalismo estaria presente em sua crítica às utopias que clamam pela criação de organizações alternativas à economia de mercado. Ao denunciar o socialismo, o comunismo etc., os adeptos do neoliberalismo anulariam a possibilidade de imaginar outros modelos de sociedade. Eles não incitariam à rebelião, e sim à resignação, à aceitação da situação vigente. Mais grave, os dogmas neoliberais constituiriam um obstáculo a tudo que pudesse subverter o funcionamento estabelecido da economia de mercado; colocariam em xeque a validade de qualquer medida suscetível de ir, por exemplo, no sentido de uma maior redistribuição. Em outros termos, o neoliberalismo se colocaria resolutamente do lado do *status quo*. Encarnaria uma das principais forças de resistência à mudança. Representaria a ideologia da classe dominante, isto é, da classe dos indivíduos que têm interesse na perpetuação da situação tal como vigora.

Essa percepção do neoliberalismo como conservadorismo encontra-se fortemente enraizada nos cérebros. Ela estrutura boa parte da retórica utilizada para desqualificá-lo. E, no entanto, funda-se num desconhecimento profundo dessa tradição. Além disso, mascara amplamente uma compreensão real desta última, neutralizando-a, reduzindo-a ao já conhecido, ao nível da evidência, ao que é fácil combater e denunciar, em vez de enfrentar sua especificidade.

Com efeito, a partir da Segunda Guerra Mundial, e manifestamente ao longo dos anos 1960, uma das preocupações básicas dos neoliberais foi distinguir-se do conservadorismo. Decerto liberais e conservadores firmaram alianças no passado, podendo eventualmente defender posições idênticas. Mas seria unicamente porque compartilham inimigos comuns (os socialistas, os adeptos do Estado social). Como escreve Friedrich Hayek, em célebre artigo intitulado "Por que não sou conservador":

> Em uma época em que quase todos os movimentos reputados "progressistas" recomendam coerções suplementares à liberdade individual, os que prezam a liberdade consagram logicamente suas energias à oposição. Dessa forma, veem-se a maior parte do tempo no mesmo lado daqueles que costumam resistir às mudanças. Hoje, no que se refere à política cotidiana, eles não têm outra escolha senão apoiar os partidos conservadores.[1]

Porém, segundo Hayek (e muitos outros autores defenderão a mesma ideia), a proximidade entre liberais e conservadores para aí. Ela é puramente política – ou melhor, estratégica, conjuntural. Ela se enraíza numa intenção compartilhada de obstruir os movimentos que se definem como progressistas. Trata-se de uma aliança negativa, a qual não deve mascarar as oposições profundas que separam neoliberalismo e conservadorismo.

Essa tomada de posição é de grande importância na história das ideias, pois talvez constitua o elemento essencial da ruptura entre o neoliberalismo e o liberalismo clássico. Ela é a certidão de nascimento do neoliberalismo como doutrina autônoma, singular, irredutível ao que a precedeu.

Com efeito, os neoliberais não se cansarão de afirmar e denunciar: seus predecessores deixaram-se corromper pelo conservadorismo, aproximando-se demais da direita conservadora, até mesmo da direita reacionária, a ponto de só marginalmente

1 Hayek, Friedrich. "Pourquoi je ne suis pas conservateur". In: *La constitution de la liberté*. Paris: Litec, 1994, p. 401 [ed. bras.: "Por que não sou conservador". In: *Fundamentos da liberdade*. São Paulo: Visão, 1983].

diferenciar-se dela.[2] Satisfeitos porque alguns de seus ideais triunfaram a partir de meados do século XIX, eles retraíram-se pouco a pouco. E, por conseguinte, limitaram-se a defender a ordem vigente. Dessa forma, o liberalismo deixou progressivamente de ser um movimento radical. Transformou-se numa máquina de preservar o *status quo*. Colocou-se do lado da ordem, do poder estabelecido. Em oposição às doutrinas revolucionárias, às aspirações à mudança, posicionou-se como avalista do realismo, do "racional em política".[3]

Contudo, ao adotar tal postura, os liberais traíram a si próprios. E, sobretudo, enfraqueceram consideravelmente sua posição, deixando escancaradas as portas para o sucesso de seus inimigos socialistas: ao abandonar o terreno da especulação intelectual e da imaginação política, o liberalismo clássico deixou de suscitar entusiasmo, de atuar como proponente dos ideais pelos quais valia a pena lutar. Justamente por isso, os socialistas tiveram a oportunidade de figurar como os únicos rebeldes, os únicos contestadores autênticos: "Durante aproximadamente meio século, apenas os socialistas propuseram um programa explícito de evolução social, uma certa imagem da sociedade futura pela qual eles trabalhavam e um conjunto de princípios gerais para guiar a reflexão sobre pontos precisos".[4]

2 A respeito dessa questão, remeto ao livro, abalizado e muito útil, de Sébastien Caré, *La pensée libertarienne* (Paris: PUF, 2009), em especial pp. 8-18.

3 Hayek, Friedrich. "Les intellectuels et le socialisme". In: *Essais de philosophie, de science politique et d'économie*. Paris: Les Belles Lettres, 2007, p. 288.

4 Idem, ibidem, p. 286.

Os pensadores neoliberais, portanto, pretendem desfazer essa divisão, esse abismo aberto entre o liberalismo conservador de um lado e o socialismo renovador do outro, o partido do imobilismo e o partido do movimento. Ao contrário dos liberais clássicos, eles contestam ao socialismo o seu monopólio sobre a produção das utopias políticas e filosóficas. Querem fazer de sua doutrina uma doutrina radical – revolucionária. Nesse sentido, não é fortuito um dos livros mais importantes da tradição neoliberal em sua versão mais extrema, publicado por Robert Nozick em 1974 e que pretendia restituir ao liberalismo seu poder de desestabilização original, intitular-se *Anarquia, Estado e utopia*. Analogamente, já em 1949 Hayek evocava a necessidade de construir o que ele denominava uma "utopia liberal", ou seja, "um programa que não fosse nem uma simples defesa da ordem estabelecida, nem uma espécie de socialismo diluído, mas um verdadeiro radicalismo liberal que não poupasse as suscetibilidades dos poderosos (inclusive sindicatos), não fosse demasiadamente prático e não se confinasse no que parecesse politicamente possível hoje".[5]

Compreender o neoliberalismo, portanto, não é compreender uma realidade econômica e social que seria dotada de uma materialidade e uma objetividade. É apreender um projeto, uma ambição jamais consumada e que exige ser perpetuamente reativada. É apreender algo da ordem da "aspiração". Foucault vai inclusive mais longe, definindo o liberalismo como uma espécie

5 Idem, ibidem, p. 292.

de ética, de "reivindicação global, multiforme, ambígua, com enraizamentos à direita e à esquerda".[6] Não é alguma coisa de constituído, que funcionaria como uma alternativa política à qual poderíamos pespegar um programa bem definido ou determinado plano. É algo mais difuso: é um humor, um "lar utópico", um "estilo geral de pensamento, análise e imaginação".[7]

6 Foucault, Michel. *Naissance de la biopolitique*, op. cit., p. 224.

7 Idem, ibidem, p. 225.

# O mercado onipresente

Qual é a natureza da utopia neoliberal? Que ação transformadora seus autores pretendem realizar? Que visão da sociedade eles promovem? À primeira vista, isso é bastante simples de enunciar: o essencial do projeto neoliberal consiste em instituir uma verdadeira "mercadização" da sociedade. Para esses teóricos, o objetivo é claro: é preciso construir uma nova sociedade em que a concorrência impere. A única forma social válida é o mercado. O contrato e a troca interindividual devem ser valorizados em detrimento de todos os outros tipos de relações humanas, bem como dos modos alternativos de alocação dos recursos.

Essa utopia mercadológica, essa ambição de disseminar globalmente o mercado, constitui uma das razões pelas quais seria impossível pensar as relações entre o liberalismo clássico (Smith, Ricardo, Say) e o neoliberalismo no modo da continuidade e da linearidade. Nesse ponto, com efeito, há ruptura e descontinuidade entre essas duas tradições: elas promovem concepções distintas do mercado, de seu lugar na sociedade

– e, o mais importante, da relação entre a racionalidade econômica e o Estado.[1]

Afinal, o liberalismo clássico do século XVIII, do qual Adam Smith foi um dos principais representantes, desenvolvia-se sob a palavra de ordem do "*laissez-faire*". Tratava-se de restringir a intervenção do Estado, de fixar-lhe certo número de limites a fim de reservar um espaço "livre" em que pudessem vigorar, sem coerções externas, os mecanismos de mercado. Na governamentalidade liberal, portanto, encontramos, de um lado, o mercado e a racionalidade econômica e, de outro, o Estado e a racionalidade política, e todo o problema consiste em dizer ao Estado: "A partir de tal limite, quando se tratar de tal questão e a partir das fronteiras de tal domínio, aí, você não intervirá mais".[2]

O neoliberalismo, por sua vez, é bem diferente – e seu projeto, bem mais radical. Foucault apreende suas características, baseando-se em duas tradições: o ordoliberalismo alemão do pós-guerra, reunido em torno da revista *Ordo* (Walter Eucken, Franz Böhm...), e os economistas da escola de Chicago (Ludwig von Mises, Friedrich Hayek, Gary Becker...). Segundo Foucault, essa concepção não pretende em absoluto disponibilizar um espaço específico e próprio para o mercado, que, por sinal, coexistiria com outras racionalidades, em especial com a razão de Estado. Ao contrário, trata-se aqui de *disseminar o mercado*

1 Cf. Brown, Wendy. *Les habits neufs de la politique mondiale*. Paris: Les Prairies Ordinaires, 2007.

2 Foucault, Michel. *Naissance de la biopolitique*, op. cit., p. 120.

*globalmente*. Os mecanismos concorrenciais não devem se circunscrever a determinados setores. Devem ser estendidos a toda a sociedade; devem desempenhar a função reguladora o mais amplamente possível, no maior número de setores do mundo social. A utopia neoliberal consiste em inserir o máximo de realidades na esfera de um contexto de mercado.

Essa ambição de erigir em lei a lei do mercado e submeter-lhe o conjunto dos aspectos da vida em sociedade explica por que o neoliberalismo não se reconhece na doutrina clássica do "*laissez-faire*". Pois, para concretizar-se, a utopia neoliberal supõe a instauração de um verdadeiro intervencionismo político e jurídico, que, a propósito, insiste Foucault, não é "menos denso, menos frequente, menos ativo, menos contínuo que em outro sistema".[3] Mas esse intervencionismo tem a especificidade de não visar em absoluto a "corrigir" o mercado, opor à racionalidade econômica uma racionalidade social ou política, criar obstáculo ao funcionamento normal da concorrência, invocando exigências éticas, morais ou justiça social. Ao contrário, ele tem como objetivo colocar-se a serviço da forma-mercado, trabalhar para seu desenvolvimento e sua instituição generalizada. O neoliberalismo gostaria de transformar a sociedade implantando uma verdadeira "política da concorrência", destinada à difusão generalizada da forma-mercado:

> O governo neoliberal tem de intervir na sociedade em sua trama e em sua tessitura. Ele tem, no fundo – e é nisso que sua interven-

3 Idem, ibidem, pp. 150-1.

> ção permitirá o que é seu objetivo, isto é, a constituição de um regulador de mercado geral sobre a sociedade –, de intervir sobre essa sociedade para que os mecanismos concorrenciais, a cada instante e em cada ponto da tessitura social, possam desempenhar o papel de regulador.[4]

Essa ação afeta manifestamente todos os setores do mundo social, o Estado em primeiro lugar. O liberalismo clássico impunha uma fronteira entre o econômico e o político e, em virtude disso, autorizava uma forma de coexistência pacífica entre a racionalidade de mercado e a racionalidade política (cada um em seu lugar). Inversamente, o neoliberalismo pretende subordinar a racionalidade política (e demais domínios da sociedade) à racionalidade econômica. O Estado é colocado sob a vigilância do mercado; ele deve governar não apenas *para* o mercado, mas também em função do que dita a lógica de mercado:

> Para o neoliberalismo, o problema não era em absoluto saber, como no liberalismo de tipo Adam Smith, o liberalismo do século XVIII, de que modo, no interior de dada sociedade política, era possível recortar, instaurar um espaço livre que seria o do mercado. O problema do neoliberalismo, ao contrário, é saber como é possível regular o exercício global do poder político sobre os princípios de uma economia de mercado. Trata-se, portanto, não de liberar um lugar vazio, e sim de reportar, referir, projetar,

4 Idem, ibidem.

sobre uma arte geral de governar, os princípios formais de uma economia de mercado.[5]

Segundo Foucault, esse sistema é extremamente específico, uma vez que, aqui, a legitimidade do Estado e de suas ações não decorre de um princípio autônomo e próprio. É a economia que funda a política e determina as formas e natureza da intervenção pública.

5 Idem, ibidem.

# A justificação “científica” do mercado

Sob muitos aspectos, uma das principais explicações para a hostilidade suscitada pela corrente neoliberal reside nessa adesão à forma-mercado, em sua vontade de propagá-la, instituí-la e aplicá-la a todos os domínios – em suma, em sua ideia um tanto extravagante de pensar uma sociedade na qual reinariam a lógica concorrencial e a racionalidade de mercado. Basta, com frequência, evocar esse aspecto para provocar imediatamente uma espécie de pavor e a expressão de reações indignadas.

Com efeito, existe, e de maneira extremamente difundida, uma espécie de hostilidade ao "mercado". No inconsciente coletivo, e sobretudo à esquerda do espaço intelectual, o "mercado" é um termo fortemente desvalorizado. A tal ponto que, no debate, um dos instrumentos polêmicos e mais amplamente empregados para desacreditar ou desqualificar uma ideia, uma reivindicação, uma reforma etc. consiste em afirmar que ela se inscreve na "lógica do mercado", isto é, em uma lógica liberal – sem que se compreenda muito bem por que a "lógica do mercado" encarnaria realidade tão negativa.

Pensar a positividade do neoliberalismo exige libertar-se de tais reflexos. Convém interrogar-se de maneira mais sutil sobre as razões pelas quais os intelectuais neoliberais aferram-se tanto à forma-mercado: *por que* eles consideram esse modo particular de organização o único possível – e até mesmo, mais exatamente, o único válido? A seus olhos, o que há de tão valioso e insubstituível no mercado para verem nele um dispositivo que conviria estender a toda a sociedade e a todos os setores possíveis?

Claro, podemos nos livrar facilmente de tais problemas afirmando que o mercado é o instrumento da exploração econômica, da qual os neoliberais seriam adeptos. Nessa ótica, a teoria neoliberal figuraria como mera ideologia da classe dominante e, essencialmente, defenderia o mercado a fim de defender – ou mesmo aumentar – os privilégios conquistados por aqueles que têm interesse na perpetuação do sistema vigente.

Essa concepção não me parece muito interessante. Em primeiro lugar, porque desacredita toscamente a teoria neoliberal, no que se refere às questões econômicas e sociais. Ao fazê-lo, propõe uma interpretação redutora (e banal) de uma tradição que, não convém esquecer, também é uma grande tradição intelectual, uma contribuição ao debate no campo da sociologia, da economia, da filosofia etc. É toda a dimensão conceitual do neoliberalismo que desaparece quando ele é descrito sob os traços de uma pequena doutrina econômica de classe.

Mas, sobretudo, apresentar o mercado como a ideologia da classe dominante é ler os teóricos liberais a partir de um sistema teórico contra o qual eles se definem. É olhá-los de um ponto de vista exterior. É aplicar-lhes categorias que eles pretendem diluir. Evidentemente, tal atitude não é, *a priori*, ilegítima. Impede, contudo, a compreensão da *singularidade* desse paradigma, os novos tipos de problemas que ele coloca e as novas maneiras de colocá-los. A ambição de Foucault seria antes tentar se pôr no lugar desses autores, a fim de apreender sua visão de mundo.

Foucault, naturalmente, uma vez que é indispensável, evoca a maneira mais difundida e conhecida com que os neoliberais justificam o mercado e a ideia segundo a qual os mecanismos concorrenciais devem ser peças integrantes da engrenagem da sociedade. O principal argumento deles é geralmente exposto como sendo de natureza técnica. Foi formulado por diferentes escolas: a escola austríaca, de Carl Menger e Ludwig von Mises a Friedrich Hayek, mas também a escola marginalista – Walras, Jevons, Marshall etc. Baseia-se no raciocínio econômico para afirmar que esse modo específico de alocação de recursos seria dotado de maior eficácia. Qualquer outro modelo de organização da produção e de distribuição das riquezas revelar-se-ia, a curto ou médio prazo, menos produtivo: o comunismo, o intervencionismo, a economia planificada, o monopólio, todos esses sistemas que apresentam como característica comum o travamento da engrenagem descentralizada dos mecanismos de mercado e o ajuste livre dos preços em função das variações da oferta e da procura resultariam necessariamente em uma "perda seca", em uma "destruição de riqueza coletiva", em uma queda do bem-estar privado e/ou social, o contrário do que permitiria obter o equilíbrio concorrencial (afora alguns casos excepcionais e locais). Aqui, o mercado desponta como *uma* técnica de coordenação entre outras, mas que teria como característica ser a mais eficiente. No resumo que propõe da obra de Hayek, Catherine Audard escreve, por exemplo:

> Hayek é certamente o pensador moderno que melhor compreendeu que a incapacidade do comunismo de rivalizar com o capitalismo não advém do fato de ele ser moralmente inferior, mas do fato de ser ineficiente, porque não compreende a natureza dos processos econômicos. O mais bem posicionado para apreender os processos econômicos não é o planejador, mas o empresário, porque ele os compreende "do interior", recebendo permanentemente a informação necessária graças ao mercado e ao sistema de preços.[1]

É muito fácil entender por que os liberais proferem esse tipo de argumento: ele lhes permite atribuir uma autoridade científica à sua política. Tudo se passa aqui como se a discussão sobre o mercado fosse uma discussão de ordem puramente técnica. Tratar-se-ia simplesmente de avaliar de forma objetiva a eficácia relativa dos diferentes sistemas econômicos possíveis. O neoliberalismo, portanto, ao contrário do que aparenta ser ou do que se costuma dizer sobre ele, não seria uma ideologia. Seria cientificamente fundamentado, não havendo alternativa senão inclinar-se diante da lógica implacável do raciocínio matemático.

1 Audard, Catherine. *Qu'est-ce que le libéralisme?*. Paris: Gallimard, 2009, pp. 374-5. Ver também: Guesnerie, Roger. *L'économie de marché*. Paris: Le Pommier, 2006.

Sob muitos aspectos, portanto, essa forma de geminar o discurso neoliberal a uma retórica e a uma argumentação científicas assemelha-se, por parte dos teóricos dessa corrente, a uma operação estratégica. Trata-se de exercer efeitos de intimidação; tal doutrina teria a ciência ao seu lado, e as teorias alternativas deveriam curvar-se à evidência dos números. Ou trata-se ainda de desdramatizar a reflexão sobre o mercado, de escapar das fantasias que ela suscita ao agir como se bastasse meramente comparar a otimalidade relativa dos diferentes mecanismos de alocação dos recursos – de maneira que a violência gerada pelos escritos liberais não teria mais razão de ser.

Em *Nascimento da biopolítica*, Foucault não se detém muito nesse aspecto do raciocínio neoliberal. Interessa-se antes pela maneira como a reflexão sobre a forma-mercado reverbera todo um conjunto de questões políticas, éticas, filosóficas etc. Esclareçamos, contudo, que não se trata aqui de opor as considerações "técnicas" ou "econômicas" às preocupações "teóricas". Uma das especificidades do neoliberalismo, com efeito, é tornar essas dimensões inseparáveis, inextricavelmente ligadas uma à outra: de fato, é muitas vezes levantando problemas técnicos que esses autores terminam por deparar-se com problemas políticos, sociais, éticos etc. Há algo como uma lógica produtora do raciocínio econômico que impele os que a manipulam a sair da economia. Por conseguinte, o que está em jogo no neoliberalismo de um ponto de vista de teoria social ou de filosofia política inscreve-se num mesmo sistema, num mesmo dispositivo do que nele está em jogo de um ponto de vista econômico ou "científico". Estamos às voltas com as duas faces de uma mesma atividade. De modo que não se trata de um acaso o fato de ser nos escritos de Friedrich Hayek, o autor que provavelmente foi mais longe na defesa do neoliberalismo como técnica social dotada de maior eficácia, que encontramos as declarações teóricas mais ousadas e radicais sobre o alcance do pensamento neoliberal – poderíamos fazer uma observação análoga a propósito do economista Gary Becker.

# Da pluralidade

A concepção tradicional da filosofia neoliberal descreve-a como uma doutrina que privilegiaria o valor de liberdade – e, associado a ele, os valores de propriedade privada e de direitos naturais. A preocupação dessa corrente seria defender a soberania de cada indivíduo sobre seu corpo e sua propriedade. Naturalmente, tal defesa, empreendida com maior ou menor radicalidade e vigor, pode assumir diferentes formas. Todas essas versões, em contrapartida, integrariam um dispositivo conceitual comum, que primeiramente estabeleceria o princípio de uma legitimidade plena e integral de cada um de utilizar o que possui como bem entende e, em seguida, desqualificaria como ilegítimas e injustificáveis as ações tendendo a restringir esse costume. O liberalismo e, depois, o neoliberalismo constituiriam assim a noção de "liberdade" como o instrumento privilegiado de sua crítica radical das instâncias que, segundo eles, tenderiam a violar os direitos de propriedade dos indivíduos – encabeçando-as, o Estado, cujo intervencionismo econômico e social desembocaria necessariamente na proliferação de mecanismos coercitivos (imposto, regulação etc.). A defesa do mercado, portanto, se inscreveria na esfera mais ampla da defesa da liberdade: aliás, não há como contestar que os neoliberais sempre apresentaram a liberdade econômica como uma liberdade política tão relevante quanto as demais.[1]

Em apoio a essa concepção, podemos citar o fato de que a maioria dos grandes livros dessa tradição afirma-se, no próprio título, como meditações sobre o conceito de liberdade, de *A liberdade*, de John Stuart Mill, a *Liberty*, a antologia dos principais ensaios de Isaiah Berlin, passando por *Os fundamentos da liberdade*, de Hayek, ou *A ética da liberdade*, de Murray Rothbard, um dos teóricos da doutrina libertarista e anarcocapitalista.

O gesto de Foucault vai no sentido contrário a tal concepção, buscando relativizar o lugar ocupado pelo conceito de liberdade – e logo, também, o de "direito natural" – no pensamento neoliberal. Ele propõe uma visão alternativa a essa tradição. Afirma, com efeito, que o conceito central da abordagem neoliberal não é o de liberdade, mas o de pluralidade. Embora naturalmente o valor de liberdade desempenhe um papel importante, trata-se muitas vezes de um papel subordinado, secundário, comparado à noção de pluralidade – aquela, por sinal, tendo frequentemente a função de servir a esta. Em outros termos, o neoliberalismo deve ser concebido como uma meditação

1 Cf., por exemplo: Friedman, Milton. "Liberté économique et liberté politique". In: *Capitalisme et liberté*. Paris: Robert Laffont, 1971, pp. 21-37 [ed. bras.: "Liberdade econômica e liberdade política". In: *Capitalismo e liberdade*. São Paulo: Abril Cultural, 1984].

sobre a multiplicidade, uma reflexão sobre a sociedade que tenha como centro o tema da pluralidade. A especificidade desse paradigma é obrigar-nos a perguntar o que implica e o que significa viver numa sociedade composta de indivíduos ou grupos que experimentam modos de existência diferentes.

É nesse contexto que devemos compreender o lugar atribuído à forma-mercado. Com efeito, segundo os neoliberais, esta constitui o único modo de regulação adequado à característica essencial das sociedades contemporâneas, que é a diversidade fundamental dos setores de atividade e a pluralidade das formas de existência. Melhor: a partir do momento em que nos situamos do lado da diversidade, da pluralidade da inovação social, não nos resta senão apregoar um desenvolvimento da lógica de mercado contra todas as outras modalidades de organização, entre as quais, em primeiro lugar, a lógica de Estado.

Essa concepção foi defendida, entre outros, por Friedrich Hayek. Para ele, a característica mais importante da sociedade moderna é ser uma sociedade heterogênea. A industrialização engendrou um movimento de massa de divisão do trabalho. A especialização gerou uma proliferação dos setores de atividade. O mundo contemporâneo é mais diversificado que o mundo antigo. E a consequência dessa situação seria a impossibilidade de uma administração centralizada da economia:

> O controle e a economia planificada não apresentavam dificuldades em uma situação suficientemente simples para permitir a um único homem ou a um único conselho abraçar todos os fatos. Porém, quando os fatores a ser considerados tornam-se tão

numerosos que é impossível ter uma visão sinóptica deles, então, mas só então, a descentralização se impõe.[2]

O Estado e a administração pretendem substituir o mercado em nome do interesse geral, do bem comum, do bem-estar social... Mas que sentido têm esses valores num mundo multifacetado? Como conceber um plano "coletivo" no qual todos os indivíduos se reconheceriam? Como pretender deter um código moral completo e universalmente válido ou seguir uma direção na qual todos gostariam de ir? "Nenhum espírito seria capaz de abraçar a infinita variedade das diversas necessidades de indivíduos diversos que disputam os recursos disponíveis e atribuem uma importância determinada a cada um deles."[3] É essa impossibilidade fundamental de fabricar um conhecimento "total", de construir uma visão unificadora da sociedade, que explica por que a única atitude concebível seria a rejeição de todo controle centralizado e a promoção da lógica de mercado, que deixaria os indivíduos livres em suas ações e não os dirigiria. A filosofia neoliberal, conclui então Hayek, parte do

> fato incontestável de que os limites de nosso poder de imaginação não permitem incluir em nossa escala de valores mais de um setor das necessidades da sociedade integral e, uma vez que, no

2 Hayek, Friedrich. *La route de la servitude*. Paris: PUF, 1985, p. 42 [ed. bras.: *O caminho da servidão*. São Paulo: Instituto Ludwig von Mises, 2010].

3 Idem, ibidem, p. 49.

sentido estrito, escalas de valores só podem existir no espírito dos indivíduos, não há escalas de valores senão parciais, escalas inevitavelmente distintas e não raro incompatíveis.

É por essa razão que é preciso "deixar o indivíduo, no âmbito de limites determinados, livre para conformar-se a seus próprios valores mais do que aos de outrem, os fins do indivíduo devendo ser onipotentes e escapar à ditadura do outro".[4]

4 Idem, ibidem.

# Sociedade, comunidade, unidade

Ao impor a ideia segundo a qual a reflexão sobre a sociedade deve colocar em primeiro plano as noções de "diversidade" e "multiplicidade" e estabelecer como objetivo a criação de dispositivos que permitam proteger e fazer proliferar as diferenças, o neoliberalismo atribui-se um objetivo teórico bastante preciso. Ele pretende romper com o conjunto das correntes intelectuais que se obstinam em construir uma visão "monista" do mundo social. Nesse sentido, o inimigo principal do neoliberalismo não foi, como se costuma acreditar, o socialismo ou o marxismo, ou, mais genericamente, os programas dirigistas e coletivistas. Decerto tais doutrinas foram alvos constantes dos ataques mais virulentos. Mas essa infindável polêmica contra as correntes anticapitalistas impede uma compreensão do pensamento neoliberal.

Pois aquilo a que o neoliberalismo não cessou de se opor, aquilo contra o que ele se constituiu com mais força e persistência, é uma atitude filosófica mais geral, que vemos vigorando em escolas, países ou períodos distintos, mas que, segundo seus defensores, tem sua verdadeira origem no pensamento iluminista: tal atitude é a que consiste em promover uma percepção unificante ou unificadora da sociedade, valorizando tudo que diz respeito ao "comum", ao "coletivo", ao "geral", em detrimento do que seria da esfera do individual, do particular, do local.

Para os neoliberais, uma pulsão autoritária e conservadora impregna a filosofia política tradicional. Esta constrói sistematicamente uma teoria da soberania política e do direito no âmbito de uma obsessão pela pluralidade e a diversidade. Como se fosse desde sempre imprescindível, para que a sociedade seja "possível", para constituir um "corpo político" digno desse nome, criar dispositivos que regulem e monitorem a pluralidade social, a fim de limitar a multiplicidade dos modos de existência para produzir ordem, unidade e coletividade. Em suma, segundo eles, a teoria social é sempre totalizante, mostrando-se incapaz de conceber o que seria uma sociedade autenticamente plural.

Paradoxalmente, são as filosofias do contrato que melhor ilustram essa postura, de Rousseau a Rawls, passando por Kant. Esses autores teriam imposto uma maneira bastante singular de colocar o "problema" da ordem social – ou, mais precisamente, de constituir a ordem social como um "problema": estabelecemos em primeiro lugar a existência de indivíduos diferentes, tendo vidas dissociadas e interesses virtualmente contraditórios. E nos deparamos prontamente com um dilema: como tornar possível a cooperação social? Como instituir alguma coisa que seria a "sociedade" e que seria dotada de certa coerência? "Contrato social" é o nome atribuído a essa instituição encarregada de unificar a sociedade, de fazer emergir do "geral" uma esfera reconhecida por todos e irredutível aos interesses "particulares".

Nesse sentido, convém insistir no fato de que os teóricos neoliberais formulam uma reinterpretação da filosofia do contrato e das Luzes. Essa tradição, com efeito, é comumente associada à luta contra o particularismo étnico, racial ou cultural. Ela defenderia a superioridade do universalismo contra a influência dos pertencimentos locais, em nome dos valores de autonomia pessoal, liberdade individual e igualdade formal. Ora, na realidade, os neoliberais veem no pensamento iluminista outra maneira de instituir comunidade. Ela libertaria os indivíduos das comunidades naturais para melhor submetê-los a um novo tipo de coletivo: a comunidade política.

Para demonstrar isso, os neoliberais operam uma desconstrução da noção central desse paradigma, a de autonomia: com efeito, o que significa, para o Iluminismo, em Rousseau ou Kant principalmente, ser autônomo? Não é ser independente ou sem entraves (segundo a definição que Isaiah Berlin fornece da concepção liberal da liberdade como simples não interferência ou "liberdade negativa"). Ser autônomo é querer não obedecer às suas pulsões, às suas paixões, às suas inclinações naturais. Autonomia é "a demarcação bem-sucedida [...] de forças pelas quais eu mesmo não seria responsável". Nesse contexto, a "liberdade" é concebida como o ato que consiste em "dar a mim mesmo ordens às quais obedeço porque sou livre para agir como quero".[1] Em outros termos, o sujeito do Iluminismo não aprecia a escolha pela escolha, a escolha como tal: está sempre à procura da escolha certa. Ele é livre se e somente se atribuir-se como lei sua "lei verdadeira", sua "vontade verdadeira" (é a concepção da "liberdade positiva").[2] Ora, no caso, é precisamente a comunidade política que será concebida como a instância de elaboração dessa lei superior que toda criatura racional supostamente quer e reconhece como sua. Como escreve Isaiah Berlin, "a autodeterminação individual torna-se doravante a autorrealização coletiva, e a nação, uma comunidade de vontades unidas em busca da verdade moral".[3] Portanto, há efetivamente uma afinidade de princípio entre o pensamento iluminista e a noção de comunidade – uma vez que, por meio do conceito de autonomia, a liberdade será concebida como submissão à vontade da nação.

São famosas as análises de Rousseau em *O contrato social*. Ele supõe um estado no qual os homens veem-se colocados diante de obstáculos que prejudicam sua autoconservação: o estado primitivo, o estado de natureza, em que os indivíduos

1 Berlin, Isaiah. *En toutes libertés: Entretiens avec Ramin Jahanbegloo*. Paris: Le Félin, 2006, p. 114 [ed. bras.: Jahanbegloo, Ramin. *Isaiah Berlin: com toda liberdade*. São Paulo: Perspectiva, 1996]. Sobre a oposição entre "liberdade negativa" e "liberdade positiva", ver, do mesmo autor: *Liberty*. Oxford: Oxford University Press, 2002. Podemos também nos reportar aos trabalhos de Quentin Skinner, em especial: *La liberté avant le libéralisme*. Paris: Seuil, 2000 [ed. bras.: *Liberdade antes do liberalismo*. São Paulo: Unesp, 1999].

2 Berlin, Isaiah. *En toutes libertés*, op. cit., p. 60.

3 Idem, ibidem, p. 125.

evoluem de maneira isolada, não é mais viável. Ele coloca em perigo a espécie e a sobrevivência de todos. Eis a razão pela qual os homens são obrigados a se unir. Convém então instituir um povo – o que supõe, segundo Rousseau, sair do estado de indivíduos tomados isoladamente para formar uma "comunidade". E toda a finalidade do contrato social é "demonstrar" que a condição para a constituição de tal comunidade política é um ato de *repressão* das "divergências". A rigor, o contrato social não é um contrato: é o nome que Rousseau dá a um momento em que os indivíduos renunciam ao que os define como particulares e parciais – isto é, ao que os separa e distingue uns dos outros – para se constituir como indivíduos "morais", "comunitários" – que atribuem a si mesmos, como vontade, a vontade "geral". No caso, portanto, um corpo social só é possível, e mesmo pensável, a partir do momento em que uma estrutura vem substituir a lei da individualidade pela da comunidade. O surgimento de um povo supõe um ato de fundação mediante o qual o interesse "geral" e a vontade "geral" vêm destruir o jogo dos interesses particulares:[4]

> Portanto, se dissociarmos do pacto social o que não é de sua essência, descobriremos que ele se reduz aos seguintes termos: cada um de nós subordina sua pessoa e toda a sua potência à suprema direção da vontade geral; e incorporamos cada membro como parte indivisível do todo. De imediato, em substituição à pessoa particular de cada contratante, esse ato de associação produz um

4 Ver: Althusser, Louis. *Politique et histoire*. Paris: Seuil, 2006.

corpo moral e coletivo composto de tantos membros quantas são as vozes da assembleia, o qual recebe desse mesmo ato sua unidade, seu eu comum, sua vida e sua vontade. Antigamente essa pessoa pública assim formada pela união de todas as demais denominava-se Cidade, ao passo que hoje intitula-se República ou corpo político, o qual é designado por seus membros como Estado quando é passivo, Soberano quando é ativo e Potência por comparação com seus similares. Quanto aos associados, assumem coletivamente o nome de Povo e tratam-se em privado de cidadãos, como participantes da autoridade soberana, e súditos como subordinados às leis do Estado.[5]

Nessa passagem, vemos como o tema da unidade, da comunidade, da generalidade, contra a diversidade e a particularidade, assombra a retórica de Rousseau, sua concepção da ordem político-social e do que faz com que uma sociedade mereça ser batizada como tal.

Essa concepção da sociedade como corpo cuja formação supõe "pelo menos uma vez a unanimidade", isto é, a concordância e o consenso, e que se apresenta como entidade supraindividual destinada a unificar as consciências particulares acha-se em termos quase idênticos em Kant. Na *Fundamentação da metafísica dos costumes*, este enuncia efetivamente a ideia

5 Rousseau, Jean-Jacques. *Du contrat social*. Paris: Flammarion, 1992, pp. 39-40. Ver também: Cassirer, Ernst. *Le problème Jean-Jacques Rousseau*. Paris: Hachette Littératures, 2006 [ed. bras.: *A questão Jean-Jacques Rousseau*. São Paulo: Unesp, 1997].

segundo a qual a construção de um "povo" supõe a instauração de uma "constituição" destinada a "reunir" a "multidão" dos homens. A coisa pública é então mais uma vez pensada como uma instância de unificação destinada a instaurar o reinado do "comum interesse dos homens" contra sua "particularidade": "Um Estado é a unificação de uma multidão de homens sob leis jurídicas",[6] escreve, por exemplo, Kant, que acrescenta, em uma passagem igualmente bastante explícita:

> O conjunto de leis a serem universalmente promulgadas com a finalidade de produzir um estado jurídico é o direito público. Trata-se, portanto, de um sistema de leis para uso de um povo, isto é, de uma multidão de homens ou uma multidão de povos que, mantendo relações de influência recíproca, necessitam, para receber a parte que lhes cabe por direito, de um estado jurídico que obedeça a uma vontade que os unifique: de uma constituição. Esse estado de relação mútua que caracteriza os indivíduos no povo chama-se estado civil, e seu conjunto, na relação que mantém com seus próprios membros, chama-se Estado. Este, em razão de sua forma, em outras palavras, na medida em que tem como elo o comum interesse que cada um tem em permanecer no estado jurídico, chama-se coisa pública.[7]

6 Kant, Immanuel. *Métaphysique des mœurs*. In: *Œuvres philosophiques*, t. 3. Paris: Gallimard, 1986, pp. 577-8 [ed. bras.: *Fundamentação da metafísica dos costumes*. São Paulo: Abril Cultural, 1973].

7 Idem, ibidem, p. 575.

A política é, para Kant, a ação que consiste em "organizar" uma "multidão de seres racionais".[8]

Para encerrar esta apresentação e esta genealogia da ideia da política como ordenamento, lembramos que um dos últimos representantes dessa escola de pensamento é John Rawls.[9] O que, aliás, permite enfatizar a que ponto a tradição "social-liberal" elaborada por Rawls ou Amartya Sen é antagônica à doutrina neoliberal, ainda que menos radical e menos interessante. Pois, para esses dois autores, cumpre sempre indagar como conciliar os princípios liberais com as exigências da coesão social e a preservação da autoridade da comunidade política. Em outros termos, a posição de Rawls ou de Sen poderia ser descrita como um nacional-liberalismo, uma vez que se funda na ideia segundo a qual é necessário suspender a aplicação dos valores liberais no momento em que estes ameacem corroer o imperativo da unidade da nação. Ao passo que, para os neoliberais, é justamente quando tais valores suscitam o questionamento dos conceitos de sociedade, unidade, comunidade política (ou nacional), bem como da visão de mundo sobre a qual tais conceitos se fundam, que eles se tornam interessantes.

8 Cf.: Arendt, Hannah. *Juger. Sur la philosophie politique de Kant*. Paris: Seuil, 1991, p. 36 [ed. bras.: *Lições sobre a filosofia política de Kant*. Rio de Janeiro: Relume-Dumará, 1994].

9 Também poderíamos mencionar, naturalmente, Jürgen Habermas, que, por exemplo em *Direito e democracia* (Rio de Janeiro: Tempo Brasileiro, 1997), apresenta o direito como uma instância de integração e coesão, de construção procedimental da "reciprocidade" num mundo diferenciado.

Encontramos no autor de *Uma teoria da justiça* um gesto, uma maneira de colocar os problemas análogos aos de Rousseau e Kant. Claro, Rawls afirma que o pluralismo constitui o ponto de partida de uma análise liberal. Mas, justamente, este é o ponto de partida, não o de chegada. Em outros termos, é o que toda a teoria da justiça como equidade deverá em seguida conter, buscando um dispositivo que venha a permitir, a despeito desse pluralismo, unificar e organizar a sociedade – ou seja, nas palavras de Rawls, encontrar uma "estrutura básica" ou um "consenso mínimo". Mais uma vez, portanto, o problema da ordem social e política torna-se aqui saber como "agrupar" indivíduos profundamente divididos, como encontrar uma base de "consenso", a despeito da diversidade dos interesses e crenças: "O liberalismo político pergunta-se como é possível uma sociedade estável e justa cujos cidadãos livres e iguais são, não obstante, profundamente divididos".[10] E Rawls passa a abordar a linguagem da ordem da unidade, característica desse modo de análise e dessa *episteme*. Com efeito, sua intenção é determinar

> como a sociedade democrática bem organizada pela teoria da justiça como equidade pode estabelecer e preservar sua unidade e estabilidade, considerando o pluralismo racional que a caracteriza. Em tal sociedade, uma única doutrina compreensiva razoável não é capaz de assegurar a base da unidade social e fornecer o

10 Rawls, John. *Libéralisme politique*. Paris: PUF, 1995, p. 171 [ed. bras.: *O liberalismo político*. São Paulo: Martins Fontes, 2011].

conteúdo da razão pública para as questões políticas fundamentais. Portanto, se quisermos compreender como uma sociedade bem organizada pode ser unificada, devemos introduzir outra ideia básica do liberalismo político que acompanhe a ideia de uma concepção política da justiça, a saber, a ideia de um consenso por agrupamento entre doutrinas compreensivas razoáveis.[11]

11 Idem, ibidem. Surpreende constatar que mesmo um autor como Will Kymlicka, que defende, não obstante, uma nova concepção da cidadania na era multicultural, abrindo caminho para a adoção de direitos particulares para minorias, não canse de insistir no fato de que esse dispositivo não ameaçaria a "unidade nacional". Por inscrever seu projeto na filosofia do contrato e do direito, Kymlicka condena-se a conceber seu trabalho como uma reflexão sobre os "laços que unem", sob a "autoridade da comunidade política" e o sentimento de pertencimento a uma "cultura comum" (são suas expressões). E, para o autor, é justamente a redefinição da cidadania proposta por ele que poderia renovar sua função "integradora". Cf.: Kymlicka, Will. *La citoyenneté multiculturelle. Une théorie libérale du droit des minorités*. Paris: La Découverte, 2001.

# Dissolver a sociedade

Evidentemente, é possível objetar a tal genealogia que as análises de Rousseau, Kant, Rawls ou Habermas são bem diferentes umas das outras – não sendo intercambiáveis seus conceitos de direito, Estado, soberania e povo – e que falar, a respeito delas, de família de pensamento resultaria de uma simplificação exagerada ou de certa descontextualização das obras.

Para os neoliberais, contudo, essas distinções de conteúdo não têm grande importância. Não seriam pertinentes. Para eles, o essencial está alhures. Trata-se de se colocar em outro nível, mais elevado, e questionar o que poderíamos designar como um programa de percepção, uma maneira de conceitualizar a política e problematizar a noção de sociedade. A partir de Rousseau e Kant, o que eles pretendem interrogar é uma atitude, uma maneira de colocar as questões. Segundo eles, a filosofia do Iluminismo caracteriza-se acima de tudo por uma obsessão pela pluralidade e pela diversidade. Nela, a multidão e a individualidade são concebidas como aquilo contra o que urge pensar mecanismos, dispositivos ou instituições destinados a produzir unidade e coerência – algo comum a todos. Nela, a constituição de um "povo", de uma "soberania" ou de um corpo político é sistematicamente apresentada como pressupondo uma repressão do "particular" mediante a criação de uma esfera "geral" à qual os sujeitos devem se submeter.

Os teóricos do contrato teriam instalado no pensamento contemporâneo uma obsessão pela unidade e pela ordem. A vontade de sempre imprimir "coesão" ao mundo representaria uma das inspirações essenciais da teoria política e social moderna. Ela seria encontrada num conjunto de discursos de naturezas bem diversas, ideológicas, tecnocráticas etc. E a prova da influência exercida por esse modo de pensamento residiria no fato de que, embora construindo-se contra a filosofia iluminista, muitas correntes teriam reconhecido sua pertinência e a interpretado segundo suas conveniências. É o caso da tradição socialista e sociológica, de Saint-Simon e Durkheim, por exemplo, autores que manifestamente têm poucos pontos em comum com Rousseau ou Kant, pensando diversamente a questão do sujeito, do direito, da política etc. Ora, neles, também, a elaboração do conceito de "sociedade" baseia-se numa visão unificadora, orientada por uma busca de integração, coesão, produção de consenso: a coletividade deve consolidar sua influência reguladora contra esses fermentos da dissolução do laço social, que seriam encarnados pelo individualismo, os movimentos sociais e a concorrência dos interesses particulares.[1] A propósito, a leitura

1 Sobre as afinidades entre as filosofias do contrato e o durkheimismo, cf. Eribon, Didier. *D'une révolution conservatrice et de ses effets sur la gauche française.* Paris: Léo Scheer, 2007.

dos textos em que Durkheim comenta Hobbes ou Rousseau é particularmente instrutiva. É chocante constatar que o autor de *O suicídio* aceita e se apropria da problemática e da esfera de análise estabelecidas pelos filósofos: como conceber solidariedade e fins comuns e impessoais contra paixões egoístas e antissociais? Apenas a solução proposta difere, uma vez que, para o sociólogo, a sociedade como comunidade não procede de um ato político artificial: é uma realidade natural, *sui generis*, que resulta do fenômeno da associação entre os homens.[2]

Os intelectuais neoliberais pretendem questionar esse modo de análise. Atribuem-se como objetivo interrogar a obsessão pela construção de alguma coisa que seja da ordem da "comunidade". A ideia de que pensar a sociedade ou a política exigiria pensar a edificação de uma entidade supraindividual, acarretando igualmente uma espécie de necessidade de engendrar uma esfera transcendente com relação à pluralidade e ao jogo dos interesses particulares, lhes é totalmente estranha. Parece-lhes inclusive perigosa. Nesse sentido, não é exagero afirmar que esses autores na verdade trabalham para desconstruir, ou mesmo destruir, a própria noção de "sociedade" no sentido de uma instância que aglutinaria as pessoas para além de suas diferenças. (Obviamente, toda a questão aqui reside em mostrar que o "comum" e o "geral" são noções vazias de sentido. Não se trata em absoluto de escolher privilegiar o "particular" em detrimento do "geral", o "local" sobre o "global". Embora

2 Cf., por exemplo: Durkheim, Émile. *Hobbes à l'agrégation*. Paris: Éditions de l'EHESS, 2011. E, do mesmo autor, *Le contrat social de Rousseau*. Paris: Kimé, 2008.

não invertam os valores, os neoliberais refutam esse sistema de oposição como tal, sua própria pertinência, ou que ele venha a designar uma realidade qualquer. Eles pretendem desconstruir essa esfera de pensamento a fim de enfatizar o caráter extremamente problemático das visões que ela instaura e os perigos que comportaria, sobretudo de um ponto de vista político.)

Isso aparece nos textos de Isaiah Berlin dedicados ao que ele chamava de "Contrailuminismo", isto é, autores que se definiram contra os teóricos do Iluminismo e seus herdeiros. A finalidade da reflexão de Berlin é mostrar a que ponto o pensamento iluminista está obcecado por uma fantasia de "totalidade harmoniosa", pela ambição de instaurar uma sociedade de seres racionais que almejem fins coletivos e, assim, comunguem numa espécie de unanimidade. O pressuposto fundamental dessa corrente seria que

> os homens são feitos (trata-se de um axioma, ao mesmo tempo psicológico e sociológico) para buscar a paz e não a guerra, a harmonia e não a discórdia, a unidade e não a pluralidade. As dissensões, os conflitos e a competição entre seres humanos são processos essencialmente patológicos: é possível que essas tendências sejam inevitáveis em certo estágio de seu desenvolvimento, embora não deixem de ser anômalas, uma vez que não realizam esses fins que os homens como homens têm todos obrigatoriamente em comum – esses objetivos permanentes e compartilhados que tornam os homens humanos.[3]

3 Berlin, Isaiah. *Le sens des réalités*. Paris: Les Belles Lettres, 2011, p. 166 [ed. bras.: *O sentido da realidade*. Rio de Janeiro: Civilização Brasileira, 1999].

Segundo Berlin, a postura adotada pelos autores rotulados como anti-iluministas – e que por essa razão foram largamente vistos e catalogados como conservadores ou reacionários – foi insurgir-se contra essa percepção, essa obsessão pela unidade, essa vontade de sempre imprimir coerência à sociedade. Para eles, a pluralidade do mundo social e cultural é irredutível; ela deve constituir um ponto de chegada, e não o ponto de partida contra o qual deveria necessariamente definir-se uma teoria política. O "mundo comum", o "coletivo", a "vontade geral", a perpétua busca de alguma coisa que seria da ordem do "universal" são mitos – e mitos perigosos.

Berlin cita principalmente Johann Gottfried von Herder e Edmund Burke, revoltados contra o "monismo" do Iluminismo, porque, segundo eles, tal visão pressupõe necessariamente a possibilidade de encontrar uma solução única, final, universal para os problemas humanos. Ora, para os anti-iluministas, "há inúmeros ideais pelos quais vale a pena lutar, alguns incompatíveis com outros". Nesse sentido, a ideia de uma "solução de conjunto para todos os problemas humanos, que, a despeito de enormes resistências, pode exigir o recurso à força para protegê-la, leva ao derramamento de sangue e à intensificação do sofrimento humano".[4]

Em Herder, por exemplo, encontramos esta afirmação: nunca há uma única resposta válida para as grandes questões que a humanidade se coloca; "as diferentes civilizações lutam

4 Idem, *En toutes libertés*, op. cit., p. 68.

por objetivos diferentes" e estão "habilitadas a fazê-lo".[5] Por conseguinte, a reflexão política deve levar em conta essa diversidade, e não pretender reduzi-la por intermédio de sistemas unificadores. "Herder concebia diferentes meios ambientes, diferentes origens, diferentes linguagens, diferentes gostos e diferentes aspirações. Se você admite ser possível haver mais de uma resposta válida para um problema, isto, em si, é uma grande descoberta. Isso leva ao liberalismo e à tolerância."[6] Em Burke, a mesma intenção pluralista desembocou no questionamento da ideia de "natureza humana universal". Não existe "homem natural" ou "homem racional", idêntico em toda parte. Há homens "desde-sempre-já" diferentes, por suas artes, culturas, hábitos, gostos, caracteres etc.[7]

Extrapolando o âmbito da polêmica entre os filósofos iluministas e os anti-iluministas, Isaiah Berlin tenta evidenciar que o espaço intelectual, político e ideológico é a arena de um confronto entre dois temperamentos, duas atitudes, duas maneiras irredutíveis de problematizar o que significa a noção de sociedade e compreender a natureza das relações inter-humanas:

> A história do pensamento político foi, em larga medida, um duelo entre duas grandes concepções rivais da sociedade. De um lado, os advogados do pluralismo, da diversidade, de um mercado aber-

5 Idem, ibidem, p. 92.

6 Idem, ibidem, p. 96.

7 Idem, ibidem, p. 97.

> to às ideias, de uma ordem das coisas que pressupõe conflitos e a necessidade constante de conciliação, ordem que está sempre numa situação de equilíbrio imperfeito [...]. Do outro lado, os que acreditam que essa situação precária é uma forma de doença crônica e provisória, uma vez que a saúde consiste na unidade, na paz, na eliminação da própria possibilidade de dissensão, o reconhecimento de um único fim ou de uma série de fins não conflitantes, exclusivamente racionais, com o corolário de que a discordância racional não pode afetar senão os meios.[8]

Os representantes dessa segunda tradição são Platão, Espinosa, Helvétius, Rousseau, Fichte ou, ainda, Hegel. E, segundo Berlin, Marx também foi um dos membros dessa família de pensamento. O comunismo, ao contrário do que aparenta, não é um pensamento do conflito e da pluralidade, e sim uma das últimas encarnações do monismo em política: as observações de Marx sobre "as contradições e conflitos inerentes ao progresso social são simples variações sobre o tema do progresso ininterrupto dos seres humanos e o tema de sua síntese pela compreensão e pelo controle de seu meio ambiente e de si próprios".[9]

8 Idem, *Le sens des réalités*, op. cit., p. 168.

9 Idem, ibidem.

# Ética liberal e ética conservadora

O autor a quem Foucault mais recorre para pensar o problema das relações entre sociedade, totalização e multiplicidade é Friedrich Hayek. Com efeito, o economista austríaco foi um dos principais artífices da desconstrução neoliberal dos conceitos da filosofia política, das noções de "mundo comum", "bem público" ou "vontade geral". Segundo ele, os discursos que empregam tais expressões são, sempre e necessariamente, contaminados por pulsões de ordem e controle, por uma vontade de orientar as condutas individuais, por uma intenção de limitar a diversidade dos planos de vida em nome de exigências instituídas como "superiores".

Hayek dedicou pelo menos um célebre artigo ao uso do termo "social": é corriqueiro, no espaço político ou ideológico, enaltecer e valorizar os comportamentos "sociais", isto é, as condutas que iriam no sentido do interesse geral em vez de no sentido do interesse particular, que concorreriam para o bem do "povo", da "nação" ou da "sociedade". Ora, segundo Hayek, convém desconfiar de tais injunções, pois, implícita ou explicitamente, elas pressupõem a "existência de objetivos coletivos" e coletivamente reconhecidos:[1] nelas, portanto, a sociedade é pensada como um "todo". Mais grave, tal concepção geraria um "desejo" inelutável e profundamente autoritário: o "de orientar a ação individual para objetivos e atividades subordinados aos interesses da 'comunidade'".[2] Nesse aspecto, tais doutrinas são tudo, menos neutras. Elas não valorizam o universal contra o local e tornam-se cúmplices de mecanismos de dominação política e imposição social, dando "primazia a *determinados* valores" particulares.[3] Pois o que é designado como "interesses da sociedade" consiste, na maior parte do tempo, nos "interesses da maioria".[4]

Enquanto Berlin opõe duas grandes concepções rivais da sociedade, Hayek distingue, a partir delas, duas grandes éticas políticas. E é espantoso observar que ele faz isso do ponto de vista de sua relação com a ordem ou a desordem. Há, de um lado, a atitude conservadora, que caracteriza os "conservadores" no sentido tradicional, mas igualmente, diz Hayek, os socialistas. Aliás, ele formula a esse respeito uma observação interessante: na história das ideias, é extremamente frequente ver socialistas tornarem-se, com o passar dos anos, conservadores e converterem-se ao conservadorismo. Bem mais raros são

1 Hayek, Friedrich. "Social? Qu'est-ce que ça veut dire?". In: *Essais de philosophie, de science politique et d'économie*, op. cit., p. 360.

2 Idem, ibidem, p. 357.

3 Idem, ibidem, p. 361.

4 Idem, ibidem, p. 360.

os que viram liberais. Ora, segundo ele, o fato de o "socialista arrependido" encontrar quase sempre um "novo porto seguro mental e intelectual no regaço conservador" em vez de no "regaço liberal" não deve nada ao acaso. Isso demonstra que existe uma afinidade profunda entre o conservadorismo e o socialismo – ao passo que o liberalismo obedece a um sistema de valores completamente distinto.[5]

O que o conservador e o socialista compartilham fundamentalmente seriam pulsões de ordem, tendências ao paternalismo e ao amor pelo poder. Isso se caracterizaria acima de tudo pelo medo da novidade, da inovação social, do inédito: "Uma das características fundamentais da atitude conservadora é o medo da mudança, a desconfiança em face da novidade como tal, ao passo que a atitude liberal é impregnada de audácia e confiança, dispondo-se a permitir que as evoluções acompanhem seu curso, ainda que não seja possível prever aonde elas conduzem". Uma das características essenciais do conservadorismo seria, por conseguinte, uma predileção pela autoridade, mas que ganhará formas diferentes de acordo com as tradições: os conservadores fazem a apologia da nação e do nacionalismo, os filósofos do Iluminismo clamam pela subordinação das vontades particulares à vontade geral, os socialistas pretendem restituir sentido ao "coletivo" ou ao "mundo comum" contra o individualismo etc. Contudo, o que transpareceria em todos os casos seria uma mesma obsessão

5 Idem, "Pourquoi je ne suis pas conservateur". In: *La constitution de la liberté*, op. cit.

pelo espontâneo, pelo que escapa a um poder regulador – em suma, a mesma intenção de controlar a diversidade social e instaurar um ponto de vista superior: "O conservador só se julgará tranquilizado e satisfeito se uma sabedoria superior vigiar e supervisionar as mudanças, se ele souber que uma autoridade está encarregada de garantir que as mencionadas mudanças operam-se 'dentro da ordem'".[6]

A ética neoliberal coloca-se em oposição a essa propensão à ordem. Ela propõe desvencilhar a teoria e a filosofia políticas das pulsões autoritárias que as perpassam e são logicamente reivindicadas pela visão unificadora e monista da sociedade que elas constroem. O neoliberalismo coloca-se do lado da desordem, da imanência – e, logo, do pluralismo. Um mundo neoliberal jamais poderá ser unificado, totalizado. Ele não se constrói no horizonte de um futuro comum, sendo concebido como essencialmente plural e, por conseguinte, inspirado por lógicas contraditórias entre si e irreconciliáveis:

> Quando digo que faltam princípios ao conservador, não quero dizer que ele seja destituído de convicções morais. O conservador médio é incontestavelmente um homem de fortíssimas convicções morais. O que eu quero dizer é que ele não tem princípios políticos que lhe permitam trabalhar com pessoas cujos valores morais diferem dos seus com vistas à elaboração de uma ordem política em que uns e outros poderiam obedecer às suas respectivas convicções. Ora, é a aceitação de princípios que permitem a

6 Idem, ibidem, p. 397.

> coexistência de diferentes conjuntos de valores que possibilita a edificação de uma sociedade pacífica em que o recurso à força seria mínimo. Aceitar tais princípios implica consentir tolerar muitas coisas que não nos agradam. Há inúmeros valores dos conservadores que me convêm melhor que os dos socialistas; porém, aos olhos de um liberal, a importância que ele atribui pessoalmente a determinados objetivos não é uma justificação suficiente para obrigar outros indivíduos a almejá-los também.[7]

Toda a teoria social do neoliberalismo visa, portanto, a desmentir a ideia segundo a qual haveria necessidade de um "plano" superior que viesse instaurar "consenso" entre os indivíduos ou de um "contrato" fundado na repressão dos interesses particulares em nome de exigências mais gerais. Não é difícil imaginar um mundo fundamentalmente plural, que permita a expressão dos diversos modos de existência e contradições em vez de querer reprimi-las. E é precisamente nessa ótica que se inscreve a utopia de uma "mercadização" da sociedade: com efeito, o mercado é aqui concebido como a instância que permite o desenvolvimento de uma "ordem espontânea que deixa os indivíduos livres para utilizar seu próprio conhecimento visando a seus próprios objetivos".[8] O mercado não é uma organização. Não se funda em uma ideia de harmonia, unidade ou coerência. É aberto à heterogeneidade:

7 Idem, ibidem, p. 398.

8 Idem, "Les principes d'un ordre social libéral". In: *Essais de philosophie, de science politique et d'économie*, op. cit., p. 250.

> Contrastando com uma organização, uma ordem espontânea não precisa nem de um objetivo, nem da aprovação dos resultados concretos que ela vier a produzir para que haja consenso sobre seu caráter desejável. Na medida em que é independente de qualquer objetivo particular, *ela pode ser utilizada com vistas a alcançar inúmeros objetivos individuais divergentes e mesmo opostos, e ela nos assistirá em nossos esforços para tais fins. Assim, a ordem do mercado, em particular, não repousa sobre objetivos comuns.*[9]

E, segundo Hayek, é essa propriedade do mercado de engendrar realidades contraditórias de maneira espontânea, incontrolável e imprevisível que explica a resistência de que ele é objeto:

> Provavelmente não existe nenhum fator tomado isoladamente que contribua tanto para a reticência das pessoas em deixar o mercado funcionar livremente quanto sua incapacidade de compreender que o equilíbrio indispensável entre oferta e demanda, exportações e importações, ou outros parâmetros análogos, se produzirá sem intervenção deliberada.[10]

9 Idem, ibidem, p. 251. O grifo é meu.

10 Idem, "Pourquoi je ne suis pas conservateur". In: *La constitution de la liberté*, op. cit.

# Imanência, heterogeneidade e multiplicidade

Desconstruir o conjunto das visões totalizantes do mundo social: eis a tarefa que se atribuíram os pensadores neoliberais. Em outras palavras, sua contribuição mais importante à história intelectual foi desfazer um dos fundamentos implícitos das teorias sociais e filosofias políticas tradicionais, que é constituir a pluralidade e a heterogeneidade como uma polaridade negativa contra a qual cumpriria necessariamente constituir "soberania", "sociedade", "política" etc. A forma-mercado abre a possibilidade de desindexar a reflexão sobre o mundo de toda invocação de uma instância transcendente (assuma ela uma forma política, jurídica, sociológica ou outra) que vise a unificar e organizar a diversidade social. O neoliberalismo impõe a imagem de um mundo por essência desorganizado, de um mundo sem centro, sem unidade, sem coerência, sem sentido.[1] Dessa forma, põe em

1 De certa maneira, trata-se, no caso, de aplicar ao espaço das condutas a concepção do mercado livre das ideias que vale para o espaço das opiniões, conceitualizado como uma instância puramente formal aberta à

xeque o que Didier Eribon denomina "concepções hegelianas e sintéticas" da realidade, as grades de leitura que não conseguem pensar a pluralidade e a heterogeneidade porque sempre procuram alcançar a "convergência" ou a "aliança".[2]

Sob muitos aspectos, foi essa empreitada de desqualificação dos quadros de análise unificadores que seduziu Michel Foucault. Com efeito, este não cessa de insistir, em *Nascimento da biopolítica*, na maneira como a teoria neoliberal anula a possibilidade mesma de um olhar "central, totalizador, sobranceiro".[3] Em suas palavras:

> O *homo œconomicus* é a única ilha de racionalidade possível no âmbito de um processo econômico cujo caráter incontrolável não contesta, mas, ao contrário, funda a racionalidade do comportamento atomístico do *homo œconomicus*. Assim, o mundo econômico é, por natureza, opaco. Ele é, por natureza, intotalizável. Ele é originária e definitivamente constituído por pontos de vista cuja multiplicidade é irredutível, justamente na medida em que essa multiplicidade assegura espontaneamente, e no fim das contas, a convergência deles. *A economia é uma disciplina ateia; a economia é uma disciplina sem Deus; a economia é uma disciplina sem totalidade*; a economia é uma disciplina

disputa. Cf. Iacub, Marcela. *De la pornographie en Amérique*. Paris: Fayard, 2010, p. 102.

2 Eribon, Didier. "Réponses et principes". *French Cultural Studies*, 2012. Ver também "Les frontières et le temps de la politique", intervenção por ocasião do "Concluding Panel" do colóquio "Sexual Nationalisms", Amsterdã, 26-28 de janeiro de 2011. Disponível em: http//didiereribon.blogspot.com.

3 Foucault, Michel. *Naissance de la biopolitique*, op. cit., p. 296.

> que começa a manifestar não apenas a inutilidade, mas também a impossibilidade de um ponto de vista soberano sobre a totalidade do Estado por governar. [...] O liberalismo, em sua consistência moderna, começou precisamente quando se formulou essa incompatibilidade entre, de um lado, a multiplicidade não totalizável característica dos sujeitos com interesses, dos sujeitos econômicos, e, de outro, a unidade totalizante do soberano jurídico.[4]

A maneira um tanto exaltada como Foucault retoma aqui o tema neoliberal da "multiplicidade", mostrando como ele desemboca em uma concepção da sociedade livre de toda transcendência (a economia como disciplina ateia, sem Deus, sem totalidade etc.), não poderia ser interpretada como uma adesão tácita do autor de *Vigiar e punir* ao paradigma neoliberal.

Na realidade, o que lhe interessa é a ideia radical segundo a qual há sempre uma vontade de controle na base dos discursos totalizantes. As teorias unificadoras são necessariamente perpassadas por pulsões de ordem. Por sua própria forma, elas reproduzem efeitos de poder, de dominação, recorrendo, por exemplo, à constituição de instâncias transcendentes. Em suma, são pensamentos cúmplices da soberania.

Se esse tema revestiu-se de tamanha importância para Foucault, foi porque representou um dos eixos primordiais de sua crítica do marxismo (assim como, aliás, da psicanálise) realizada a partir dos anos 1970. Portanto, situamo-nos aqui no âmbito de uma reflexão sobre o problema da resistência,

4 Idem, ibidem, pp. 285-6. O grifo é meu.

de uma interrogação sobre as condições da elaboração de uma crítica radical do funcionamento da ordem social: qual teoria está em melhores condições de produzir efeitos de emancipação? Qual analítica oferece a possibilidade de compreender mais adequadamente a mecânica do poder, permitindo desestabilizá-la e travá-la?

A intuição fundamental de Foucault é que o marxismo é uma doutrina insuficiente, porque insuficientemente crítica. À primeira vista, decerto, ela se apresenta como uma teoria que põe em xeque os fundamentos da ordem econômica e social e fornece instrumentos para desestabilizá-la, aboli-la, até mesmo superá-la. Mas o problema essencial do marxismo é não ter interrogado a forma-totalização: ele assumiu igualmente a ambição de construir uma visão unificadora da realidade – isto é, de reduzir o que se passa na sociedade a certo número de princípios elementares e predeterminados. Ao fazê-lo, justamente no momento em que essa doutrina pretende fornecer armas contra a dominação, ela exerce por sua vez efeitos de poder, autoridade e censura. Por um lado, porque, justamente em virtude de adotar um ponto de vista englobante, ela é incapaz de questionar a ideia de soberania, representando inclusive uma das modalidades possíveis do exercício da soberania. Por outro lado, porque, ao submeter a reflexão sobre a sociedade a novos "transcendentais", ela oculta necessariamente lutas parciais e realidades minoritárias presentes ou vindouras que escapam ou escaparam à sua grade de leitura.

É em seu curso no Collège de France de 1976, publicado sob o título *É preciso defender a sociedade*, que Foucault formula essa crítica do marxismo e, mais genericamente, de todas as teorias "englobantes" (de que a psicanálise é igualmente uma das encarnações, talvez até mesmo a encarnação hoje dominante em escala internacional).[5] Segundo ele, um dos fenômenos mais importantes depois dos anos 1960 – e principalmente em 1968 – foi o surgimento de uma profusão de ofensivas "dispersas", "descontínuas", "particulares", "locais", contra o funcionamento da instituição psiquiátrica, a moral ou a hierarquia sexual tradicionais, o aparelho judiciário e penal etc.[6] E o que impressiona Foucault é a extrema produtividade desses discursos regionais. Ele evoca a "espantosa eficácia das críticas descontínuas e particulares". A proliferação das lutas parciais permitiu evidenciar "uma espécie de aluimento geral dos solos, inclusive talvez os mais familiares, os mais sólidos, os mais próximos de nós, de nosso corpo, de nossos gestos de todo dia".[7]

Evidentemente, o autor de *Vigiar e punir* não se detém nessa constatação. Pois aquilo em que ele pretende insistir é o fato de que essas críticas locais só puderam vir à luz no âmbito de um questionamento das teorias totalizantes; essas lutas setoriais emergiram na luta contra os paradigmas centralizadores. Elas consistiram na reaparição de "saberes sujeitados" e conteúdos históricos "marginalizados", "desqualificados", "soterrados e mascarados em coerências funcionais ou sistematizações formais": "Os saberes sujeitados são esses blocos

5 Idem, *Il faut défendre la société*. Paris: Gallimard-Seuil, 1997.

6 Idem, ibidem, pp. 6-7.

7 Idem, ibidem, p. 7.

de saberes históricos que estavam presentes e mascarados no interior dos conjuntos funcionais e sistemáticos, e que a crítica trouxe novamente à tona".[8] Foucault usa o exemplo do saber do psiquiatrizado, do doente, do enfermeiro, do delinquente – em suma, esse saber "das pessoas" esquecido pelo marxismo e que não é absolutamente, ele esclarece, um saber "comum, um bom-senso, mas, ao contrário, um saber particular, um saber local, regional, um saber diferencial, incapaz de unanimidade".[9] Em outros termos, o que está em jogo aqui é lançar "saberes locais, descontínuos, desqualificados, não legitimados, contra a instância teórica unitária, que pretendia filtrá-los, hierarquizá-los e ordená-los".[10]

Michel Foucault opõe nesse texto dois modos de produção da crítica: de um lado, estão os discursos operados nos "próprios termos da totalidade"; de outro, as ofensivas dispersas, não centralizadas, que, para estabelecer sua validade, não necessitam do "visto de um regime comum".[11] Ora, a genealogia e a arqueologia do poder nas sociedades contemporâneas não podem ser operadas e desdobradas em toda a sua amplitude salvo com a condição de que essa "tirania dos discursos englobantes" seja suspensa:[12] as teorias "totalitárias" (é a palavra de Foucault) como o marxismo ou a psicanálise têm um efeito fun-

8 Idem, ibidem.

9 Idem, ibidem, p. 9. O grifo é meu.

10 Idem, ibidem.

11 Idem, ibidem, p. 8.

12 Idem, ibidem, p. 9.

damentalmente "inibidor". Elas conduzem "de fato a um efeito de frenagem". Podem decerto, às vezes, fornecer instrumentos localmente aplicáveis, mas é justamente com a condição de que a "unidade teórica do discurso seja como que suspensa, em todo caso recortada, dilacerada, despedaçada, revirada, deslocada, caricaturada, representada, teatralizada etc.".[13]

No fundo, a ideia essencial defendida por Foucault é que os discursos totalizantes, igualmente, não raro produzem efeitos de sujeição e hierarquização. Eles "minorizam" sujeitos de experiência. Ora, a genealogia se posicionará sempre desse outro lado, buscando jogar luzes no avesso dos processos de totalização. Ela se define como uma empreitada para "desassujeitar os saberes históricos e torná-los livres, isto é, capazes de oposição e luta contra a coerção de um discurso unitário, formal e científico".[14]

Elaborar um pensamento crítico exige, portanto, adquirir meios de estar à escuta das diversas lutas que irrompem no espaço social, acompanhar sua irrupção e, logo, apreendê-las em sua singularidade. Convém adotar uma atitude de abertura para o inédito – e, por conseguinte, renunciar às grades de leitura que paralisam a percepção, fixando ou predeterminando o olhar que podemos fazer incidir sobre o mundo. Pois essas grades exercem efeitos de dominação e ocultação; participam do exercício do poder mais do que permitem revelar sua mecânica. Uma teoria crítica deve desvencilhar-se da

13 Idem, ibidem, pp. 7-8.

14 Idem, ibidem, p. 11.

tentação da totalização. Deve renunciar a construir paradigmas destinados a conferir uma coerência "geral" ao que acontece no nível "local".

Lembramos que a desconstrução neoliberal das concepções "monistas" e dos paradigmas unificadores resultava em uma valorização das noções de imanência, pluralidade, multiplicidade (a forma-mercado representando a instância que abriria a possibilidade de imaginar uma sociedade incoerente, heterogênea, acima da qual não pairaria nenhum horizonte unificador). "Imanência", "pluralidade" e "multiplicidade": são estes os conceitos que Michel Foucault instala no cerne de sua teoria do poder.

Foucault desenvolve esse ponto na seção de *A vontade de saber* dedicada à elaboração de seu "método" (é a palavra que ele usa) de análise do poder. Por que esse ponto de método lhe parece necessário? Porque a palavra "poder", que ele emprega ao longo de todo o seu trabalho, "implica o risco de levar a vários mal-entendidos. Mal-entendidos relativos à sua identidade, sua forma, sua unidade".[15] E Foucault passa a atacar as teorias que tendem a forjar uma imagem demasiado unificante, demasiado centralizadora do poder: as que falam do "Poder" como "conjunto de instituições e aparelhos que garantem a sujeição dos cidadãos em um dado Estado" (são as teorias do contrato social) ou as que assim designam um "sistema geral

15 Idem, *La volonté de savoir*. Paris: Gallimard, 1976, p.121 [ed. bras.: *A vontade de saber*. Rio de Janeiro: Graal, 2009].

de dominação exercida por um elemento ou um grupo sobre outro, e cujos efeitos, por sucessivas derivações, atravessariam o corpo social por inteiro" (são as teorias sociológicas ou marxistas).[16] A esses paradigmas, que constroem transcendentais e pensam em termos de unidade e totalidade, Foucault opõe outra concepção, habitada pelas noções de imanência e multiplicidade: "Por poder, parece-me convir entender em primeiro lugar a multiplicidade das relações de força que são imanentes ao domínio em que elas se exercem e são constitutivas de sua organização".[17]

Tornar inteligível o exercício do poder até em seus "feitos mais periféricos" impõe elaborar uma perspectiva que não venha a conferir um endereço fixo ao "poder", que não suponha a existência de um "ponto central", de um "lar único" a partir dos quais se propagariam os mecanismos de controle: "A condição de possibilidade do poder [...] é o pedestal movediço das relações de força que induzem incessantemente, por sua desigualdade, a estados de poder, mas sempre locais e instáveis". Há, por conseguinte, uma "onipresença do poder: não porque ele teria o privilégio de a tudo agrupar sob sua invencível unidade, mas porque ele se produz a cada instante, em todo ponto, ou melhor, em toda relação de um ponto a outro. O poder está em toda parte: não é que ele englobe tudo, é que ele vem de toda parte".[18]

16 Idem, ibidem.

17 Idem, ibidem, pp. 121-2.

18 Idem, ibidem.

# Ceticismo e política das singularidades

"A sociedade não existe": essa fórmula, típica da doutrina neoliberal, é muitas vezes percebida como um estigma ideológico extremamente forte, como o *slogan* que abraçariam todos aqueles que reivindicassem uma filosofia individualista, que travassem uma guerra política contra as reformas de inspiração social e, principalmente, uma guerra teórica contra a sociologia. Porém, em certo sentido, essa ideia exprime cabalmente o tipo de percepção que Foucault tentou, a partir de meados dos anos 1970, instalar e impor: o poder é exercido de maneira difusa; está em toda parte, age de maneira disseminada; e as lutas parciais, locais, diferenciais, que surgem a intervalos regulares, não se inscrevem em um conjunto mais amplo e global em cujo interior seria preciso substituí-las para compreendê-las e apreender seu sentido; essas lutas carregam em si mesmas seu próprio valor, sua própria significação. Adotando uma percepção bastante próxima da concepção nietzschiana do acontecimento (o Ser resume-se à pluralidade dos acontecimentos), Foucault afirma que não existe algo como "a sociedade", em cujo seio irromperiam de tempos em tempos lutas e mobilizações; essas mobilizações e essas lutas devem ser pensadas em si mesmas, independentemente do horizonte que se tenha em vista. As teorias totais e totalitárias anulam a pluralidade, a heterogeneidade, a incoerência do mundo social; elas reprimem as batalhas setoriais, que assim não podem alcançar a visibilidade senão contra elas. (Em outros termos, na expressão "a sociedade não existe" assim reinterpretada, não é a existência do social que seria negada, e sim a totalização operada pela ideia segundo a qual haveria alguma coisa que se chamaria *a* sociedade. É essa ideia unificadora que tem sua realidade contestada, não a ideia de mundo social.)

Em Foucault, a construção dessa nova analítica do poder desembocou, sabemos, na fabricação de uma nova imagem do intelectual. Se as lutas desenrolam-se de maneira local e regional, se escapam aos quadros totalizantes, então o intelectual deve constituir-se "intelectual específico". Deve renunciar à figura – imposta sobretudo por Sartre, mas igualmente muito presente no marxismo – do intelectual universal, isto é, do intelectual que se faz "escutar como representante do universal", como a "consciência de todos".[1] O intelectual universal aborda as lutas particulares com a ajuda de conceitos toscos ou discursos prontos. Por conseguinte, integra-as necessariamente no interior de uma luta mais geral, que se travaria em

1 Foucault, Michel. "La fonction politique de l'intellectuel". In: *Dits et écrits*. Paris: Gallimard, 1994, t. 2, p. 109.

nome da Justiça, da Lei ideal, do comunismo vindouro etc. Inversamente, o intelectual específico recusa essa tentação permanente de ressignificar, recodificar ou recolonizar as lutas setoriais por discursos unitários. Foucault visa, dessa forma, a criar um novo modo de ligação entre a teoria e a prática, que estaria, aliás, segundo ele, já em vias de se desenvolver desde o fim dos anos 1960:

> Os intelectuais adquiriram o hábito de trabalhar não no "universal", no "exemplar", no "justo-e-verdadeiro para todos", mas em setores determinados, em pontos precisos onde ou suas condições profissionais de trabalho ou suas condições de vida (a casa, o hospital, o hospício, o laboratório, a universidade, as relações familiares ou sexuais) os situavam. Com isso, ganharam seguramente uma consciência muito mais concreta e imediata das lutas. E nelas encontraram problemas que eram específicos, "não universais", muitas vezes diferentes daqueles do proletariado ou das massas.[2]

Se me parece importante abordar esse ponto, é porque surpreende constatar que encontramos um gesto quase idêntico nos neoliberais. Neles também, a crítica do papel dos universais e transcendentais na teoria política e social desemboca em uma crítica da figura do intelectual "universal", ou melhor, da ideia segundo a qual o intelectual poderia formar uma visão sintética da sociedade.

2 Idem, ibidem.

Com efeito, os neoliberais não cessariam de se opor à atitude que consiste em atribuir um poder desmesurado ao pensamento. Essa atitude seria característica do marxismo – porém, na realidade, teria nascido com o Iluminismo, em Voltaire e Rousseau sobretudo. Os filósofos iluministas teriam fabricado um mito filosófico de consequências políticas perigosas: o da onipotência do intelecto. O Iluminismo acredita que a razão detém um poder ilimitado. Tudo se passa como se fosse possível criar a sociedade por decreto, edificá-la em conformidade com um plano forjado pelo espírito. O Iluminismo procederia assim de um "racionalismo construtivista"; consideraria que uma "razão existindo independentemente é capaz de planejar a civilização (cf. a citação de Voltaire: 'Se quereis boas leis, queimai as que tendes e fazei novas')".[3] O racionalismo do Iluminismo recusaria reconhecer os limites da razão. Ao contrário, legitimaria uma forma de narcisismo intelectual que levaria cientistas e filósofos a se pensar como os centros do mundo, como os únicos capazes de alcançar uma visão total da sociedade e escapar à parcialidade. Esse "intelectualismo equivocado" inspiraria com frequência uma crença nos méritos de um governo de cientistas e peritos.[4]

A ética neoliberal recusa essa imagem do pensamento. O liberalismo apresenta-se como uma doutrina modesta. Ele se baseia numa atitude humilde, que consiste em aceitar e reconhecer seus próprios marcos e limites. Longe de pensar

3 Hayek, Friedrich. "Les principes d'un ordre social libéral", op. cit., pp. 248-9.

4 Cf. Berlin, Isaiah. *La liberté et ses traîtres*. Paris: Payot, 2007, pp. 56-60.

que a ordem social pode ser deduzida de uma construção teórica *a priori*, ele acredita que ela depende de forças múltiplas e espontâneas que, por princípio, escapam ao conhecimento humano e a uma visão que se pretende totalizante. Escreve, por exemplo, Hayek:

> De minha parte, creio que esse falso racionalismo, que se impôs durante a Revolução Francesa e que exerceu sua influência durante os últimos cem anos por meio dos movimentos gêmeos do positivismo e do hegelianismo, é uma manifestação de arrogância intelectual, a qual é o oposto da humildade intelectual – essência do verdadeiro liberalismo –, que trata com respeito as forças sociais espontâneas por meio das quais o indivíduo constrói coisas maiores do que tem consciência de fazê-lo.[5]

Nesse sentido, é compreensível que a política neoliberal se enraíze numa filosofia do conhecimento cujo ponto de partida é a aceitação dos limites do pensamento. O cientista não pode ver tudo, saber tudo. Ele deve renunciar à ambição "desvairada" de compreender e dominar o conjunto dos diversos processos que se elaboram no mundo. Por princípio, muitas coisas lhe escapam:

> O liberalismo decorre assim da descoberta de uma ordem engendrada a partir de si mesma, ou espontânea, dos fatos sociais (é a

5 Hayek, Friedrich. "Allocution d'ouverture d'un colloque à Mont-Pèlerin". In: *Essais de philosophie, de science politique et d'économie*, op. cit., p. 240.

> mesma descoberta que levou a admitir a existência de um objeto para as ciências sociais teóricas) – a qual tornava possível utilizar o conhecimento e as habilidades de todos os membros da sociedade em uma proporção mais ampla do que teria sido possível em qualquer ordem criada por uma direção central – e do desejo subsequente de fazer um uso tão completo quanto possível dessas poderosas forças auto-organizadoras.[6]

A teoria neoliberal constitui assim uma doutrina cética, que parte do princípio dos estreitos limites do entendimento humano – razão pela qual Hume é uma de suas referências mais importantes.[7]

Decerto Foucault não subscreveria a totalidade de tais proposições. Ele não formula sua análise nos mesmos termos, com as mesmas palavras. Porém, em muitos aspectos, ele reencontrou no neoliberalismo a preocupação de adotar uma atitude que permitisse estar atento, aberto e receptivo à multiplicidade dos fatos que se elaboram no mundo social. As teorias de pretensão universal e as grandes narrativas mascaram e deformam a realidade justamente no momento em que pretendem apreendê-la. Porém, acima de tudo, ao predeterminar as esferas e categorias de análise, elas impedem a escuta da invenção, impossibilitando o reconhecimento do inédito quando ele acontece e, logo, a apreensão de sua singularidade.

6 Idem, ibidem, p. 249.

7 Hayek, Friedrich. "La philosophie juridique et politique de David Hume". In: *Essais de philosophie, de science politique et d'économie*, op. cit., pp. 173-94.

Eis a razão pela qual não é falso descrever Michel Foucault, como sugeriu recentemente Paul Veyne,[8] sob os traços de um pensador cético, um filósofo que recusa o valor dos universais, dos transcendentais, das ideias gerais, que se liberta de toda referência a algo chamado Verdade, Moral, Virtude etc. Contudo, não poderíamos subscrever a operação efetuada pelo historiador da Antiguidade, que consiste em invocar esse ceticismo radical para negar o caráter político da obra e da vida de Foucault. Segundo Veyne, a crítica foucaultiana dos universais e das ideias abstratas anula qualquer possibilidade de dar um fundamento qualquer, uma justificação qualquer, à ação política. Esta, por conseguinte, seria sempre arbitrária e, em certo sentido, absurda. Foucault teria assim alimentado a seu respeito uma dúvida profunda, uma distância de princípio – e a natureza exata de seu procedimento se situaria bem longe do "mito" do filósofo ativista de esquerda que predomina na França e nos Estados Unidos.

A meu ver, o ceticismo de Foucault não deve ser considerado uma forma de desengajamento, ou melhor, uma atitude que leva, quase necessariamente, a uma despolitização. Ao contrário, a crítica das ideias "gerais", das teorias "totalizantes" ou pensamentos do "fundamento" constitui o ponto de partida da invenção de uma nova política, que se definirá como uma política das singularidades, uma política de acompanhamento e apoio às lutas múltiplas e aos combates setoriais. A meta do

8 Veyne, Paul. *Foucault, sa pensée, sa personne*. Paris: Albin Michel, 2008 [ed. bras.: *Foucault, seu pensamento, sua pessoa*. Rio de Janeiro: Civilização Brasileira, 2011].

procedimento de Foucault é alforriar o pensamento dos mitos e atitudes que o impedem de ser ao mesmo tempo radical e eficaz: a obsessão pela coerência, o universal, os valores coletivos, o "sentido da História" etc. Tudo isso impede a compreensão das batalhas que irrompem tais como são, pelo que são. O ceticismo de Foucault representa assim o ponto de partida de um trabalho de si sobre si, cuja função é desvencilhar-se dos hábitos que obcecam a política tradicional e que, estes sim, são efetivamente despolitizantes, uma vez que dificultam a apreensão das lutas em suas singularidades. Em suma, ele é o ponto de partida da reinvenção de uma política emancipadora.

# Não ser governado

Estamos de tal forma habituados a considerar o neoliberalismo uma ideologia triunfante, a encarnação típica de um sistema hegemônico contra o qual cumpriria mobilizar-se, que associá-lo às lutas e práticas de resistência e emancipação choca-se necessariamente, à primeira vista, com nossas categorias de percepção. No entanto, é surpreendente constatar que o tema da crítica, da reatividade, dos instrumentos de que dispomos para questionar as dominações que se exercem sobre nós, e notoriamente as dominações políticas, perpassa a reflexão de Foucault sobre as contribuições da tradição neoliberal. Naturalmente, Foucault não é ingênuo: ele não ignora que a emergência e a instauração de uma governamentalidade neoliberal produziram o desenvolvimento de mecanismos de poder, de controle, de hierarquização, cuja análise é necessário empreender a fim de travar sua engrenagem. Mas essas percepções nada têm de originais, constituindo, inclusive, o ponto de partida, a base da maioria dos estudos. Trata-se de afirmações reflexas que se delegam sempre o mesmo projeto: apreender o "negativo" do paradigma neoliberal, jogar luz em suas zonas de sombra, seus perigos, suas ameaças.

O projeto de Foucault vai na contramão desse modelo. O problema que ele pretende colocar quer-se mais perturbador. Sua intenção é mais complexa. Ele se propõe a modificar nossa percepção espontânea do discurso neoliberal. Assim, uma das ideias colocadas no centro da demonstração efetuada em *Nascimento da biopolítica* é que há alguma coisa de liberador, de emancipador, de crítico que se elabora e também se instaura através do neoliberalismo. Foucault, aliás, toma o cuidado de enunciar explicitamente esse ponto desde a primeira aula de seu curso.

No fim desta última, dirige-se a seus ouvintes para assinalar que se enganara redondamente ao pensar que uma interrogação sobre o liberalismo, depois sobre o neoliberalismo, e uma reconstituição do surgimento e das propriedades desses novos modos gerais de regulação dos comportamentos apresentariam interesse meramente histórico ou documentário. Esses problemas, diz ele, são nossos contemporâneos. Estão "colocados em nossa atualidade imediata e concreta". Concernem ao presente, à situação na qual evoluímos. E Foucault esclarece: "Do que se trata quando se fala de liberalismo, quando aplicamos a nós mesmos, atualmente, uma política liberal, e que relação isso pode ter com essas questões de direito que denominamos liberdades?". Em seguida, formula uma interrogação mais importante, mais audaciosa também, por meio da qual opera uma aproximação inesperada entre o neoliberalismo econômico e algumas práticas de resistência que se desenvolvem em nome do liberalismo político: "O que está em jogo em tudo isso, nesse debate de hoje, em que curiosamente os princípios econômicos de Helmut Schmidt vêm fazer um eco bizarro a esta ou àquela voz que nos chega dos dissidentes do Leste, todo esse problema da liberdade, do liberalismo?".[1]

Como Foucault justifica essa associação entre, de um lado, o liberalismo e o neoliberalismo e, de outro, os movimentos de dissidência? O que há de potencialmente emancipador no discurso neoliberal? Ou, mais exatamente, em que medida é possível encontrar nesse discurso instrumentos, armas para empreender lutas políticas e democráticas?

A potencialidade crítica inscrita na racionalidade neoliberal enraíza-se no fato de que essa tradição consolidou-se no âmbito de uma oposição ao Estado, ou melhor, à razão de Estado. Com efeito, na raiz da atitude liberal, depois neoliberal, não se encontra um corpo constituído de axiomas teóricos ou filosóficos, tampouco alguns princípios ideológicos básicos. Se quiséssemos caracterizar o que reúne os intelectuais neoliberais para além de suas diferenças às vezes muito grandes, conviria antes invocar um traço de caráter, um conjunto de obsessões quase psicológicas. Pois sua pulsão comum, diz Foucault, é uma "fobia de Estado".[2]

1 Foucault, Michel. *Naissance de la biopolitique*, op. cit., p. 25.

2 Idem, ibidem, pp. 77-8.

Os liberais são movidos por uma obsessão do Estado – cuja intensidade ele ilustra citando as declarações do historiador da arte Bernard Berenson: "Deus sabe o quanto temo a destruição do mundo pela bomba atômica, mas há pelo menos uma coisa que temo da mesma forma, é a invasão da humanidade pelo Estado".[3] Segundo Foucault, o neoliberalismo é perpassado pela ideia segundo a qual "governa-se sempre excessivamente" – ou pelo menos segundo a qual "conviria sempre suspeitar que se governa em excesso".[4] Em outros termos, há no neoliberalismo a formulação de uma interrogação radical sobre a governamentalidade de Estado. Essa doutrina não se limita a perguntar quais seriam os melhores meios, ou os meios menos onerosos, de alcançar objetivos políticos. Ela questiona a própria possibilidade do Estado. Exige uma resposta ao seguinte problema: "Por que então seria necessário governar?".[5]

Nesse sentido, não me parece falso dizer que Foucault percebeu o neoliberalismo como uma das encarnações contemporâneas da tradição crítica. Numa conferência de 1978 intitulada "O que é a crítica?", e pronunciada poucos meses antes do curso *Nascimento da biopolítica*, Foucault associa efetivamente a crítica a uma atitude, um gesto que consiste em posicionar-se do lado dos governados e rebelar-se contra as formas de governo. Ela se apoia numa vontade mais modesta,

3 Idem, ibidem, p. 77.

4 Idem, ibidem, p. 324.

5 Idem, ibidem.

mais difusa. Atesta uma intenção de não ser governado "*desse jeito*, por isso, em nome de tais princípios, com vista a tais objetivos e por meio de tais procedimentos, não desse jeito, não por isso, não por eles". Foucault define a crítica como "a arte de não ser demasiado governado".[6] Este é igualmente um dos aspectos da arte neoliberal.

6 Idem, "Qu'est-ce que la critique? Critique et *Aufklärung*". *Bulletin de la Société Française de Philosophie*, Paris, ano 84, n. 2, abr.-jun./1990. O grifo é meu.

# Política, direito, soberania

Se a carga antiestatista presente no neoliberalismo interessa a Foucault, é porque abre caminho para uma desconstrução do paradigma que, segundo ele, engendra obediência nas sociedades contemporâneas: a filosofia política, a teoria do direito, a crença no Estado.

Quando se comenta Michel Foucault, insiste-se a maior parte do tempo na renovação que ele imprimiu à concepção do poder, na maneira como mostrou que este funcionava de maneira difusa, espalhada, disseminada, e que as sociedades contemporâneas deviam ser descritas em termos de sociedades disciplinares cujos múltiplos dispositivos normalizadores investem os corpos e modelam as subjetividades. Contudo, parece-me que tal apresentação tende a ocultar outra dimensão importante da sua obra: a verdadeira guerra que ela trava contra a filosofia política e a filosofia do direito.

A partir de meados dos anos 1970, com efeito, uma das preocupações de Michel Foucault foi questionar e desconstruir o que ele chamava de "concepção jurídica da soberania". Com isso, não entendia uma teoria bem constituída, mas antes um modo de análise, um sistema de representações, uma maneira de pensar o poder que obcecaria o Ocidente desde o Iluminismo – e talvez até antes. Esse dispositivo articula-se em torno de certo número de conceitos claramente identificáveis: Contrato, Lei, Direito, Vontade Geral etc. Por meio destes, constrói todo um conjunto de mitos, e mesmo de mistificações, que modelam a maneira como observamos a realidade, como percebemos o Estado, como interpretamos o significado da política. No fundo, o elemento essencial dessa grade é apresentar o Estado como um espaço de liberdade ou libertação; a política seria a esfera em que os homens, libertando-se da influência da paixão e do jogo dos interesses particulares, construiriam pela Razão e pela discussão não violenta uma ordem legítima, uma Vontade Geral cuja lei seria a expressão e a encarnação (a noção de "democracia deliberativa" constitui a reativação mais recente desse tema); em suma, esse sistema determina a existência de uma relação entre a política, ou o direito, e a emancipação – a figura do cidadão, a aspiração ao universal e a imagem do homem livre.[1]

Foucault evidentemente não ignora isso: esse sistema desempenhou na História, e às vezes continuou a fazê-lo, um papel subversivo, de contestação da ordem instituída. Pois essa

1 Sobre o vínculo entre conquista da liberdade e construção de uma esfera política relativamente autônoma, ver, por exemplo: Arendt, Hannah. *Qu'est-ce que la politique?*. Paris: Seuil, 1995. No período contemporâneo, é provavelmente Habermas quem defende mais explicitamente essa posição.

retórica, obviamente, é a da Revolução Francesa, a de Rousseau. Mas Foucault não demora a acrescentar que a ruptura operada pela filosofia do Iluminismo é imensamente superestimada. Segundo ele, o discurso jurídico não é uma invenção da burguesia, que teria se rebelado contra a arbitrariedade monárquica. Trata-se, ao contrário, de um sistema conceitual sobre o qual já se apoiava o poder real (que o utilizou principalmente contra os sistemas feudais). Em outros termos, o discurso iluminista não introduz na história do pensamento a ruptura que normalmente vemos nele. Na realidade, sua característica essencial foi voltar contra a monarquia o discurso jurídico que ela própria inventara: "O mecanismo teórico mediante o qual foi feita a crítica da instituição monárquica foi o instrumento do direito, que havia sido estabelecido pela própria monarquia".[2]

Como é possível aproximar o pensamento iluminista do sistema monárquico? Que elo haveria entre a teoria do direito, a filosofia política e a figura do rei e do soberano?

Aí reside o núcleo da demonstração de Foucault e da desconstrução que ele pretende operar. Com efeito, sua intenção é transformar nossa percepção acerca da filosofia do direito e da teoria política. É trazer à tona o fato de que a axiomática jurídico-política, tal como a vemos vigorar em Rousseau, Hobbes e até em Rawls, Habermas ou Kymlicka (de certa forma até mesmo em Derrida),[3] não atua no sentido da liberdade, da

2 Foucault, Michel. "Les mailles du pouvoir". In: *Dits et écrits*. Paris: Gallimard, 2001, t.2, p. 1.003.

3 Ver: Derrida, Jacques. *Du droit à la philosophie*. Paris: Galilée, 1990.

emancipação individual. Na realidade, ela tem como propriedade fundamental agir no sentido de uma legitimação do Estado e da dominação política; ela fabrica uma imagem do "sujeito de direito" como sujeito "desde-sempre-já" obediente, "desde-sempre-já" submetido a um soberano cuja superioridade e transcendência ele deveria admitir. Em outros termos, ainda que esse tipo de dispositivo possa ter desempenhado um papel revolucionário, e às vezes encarnado um instrumento de limitação do poder de Estado em nome do "direito das pessoas", nem por isso ele deixa de permanecer necessariamente prisioneiro da esfera da razão de Estado, sendo, portanto, solidário do exercício da razão jurídica.

Segundo Foucault, o problema primordial da filosofia política é o problema do *soberano*: Rousseau, declara ele, "quando elaborou sua teoria do Estado, tentou mostrar como nasce um soberano, mas um soberano coletivo, um soberano como corpo social, ou melhor, um corpo social como soberano".[4] A obsessão do pensamento jurídico sempre foi determinar como é possível constituir uma "unidade política" definida pela "existência de um soberano, individual ou não, pouco importa, mas detentor de uma parte da totalidade de seus direitos individuais e, ao mesmo tempo, princípio da limitação desses direitos".[5]

Logo, a axiomática jurídico-dedutiva de início não se situa do lado da resistência, da indocilidade, da reatividade. Ela não se coloca no lugar dos governados, e sim do lado do Estado. Ela

4 Idem, ibidem.

5 Foucault, Michel. *Naissance de la biopolitique*, op. cit., p. 286.

fala o discurso do Estado. Empenha-se em encontrar meios que justifiquem a prática governamental e a pretensão do Estado a ser o que é.[6] Para fazê-lo, constrói toda uma ficção da origem do Estado, que deve mostrar como um poder é capaz de constituir-se "segundo certa *legitimidade fundamental*, mais fundamental que todas as leis, que é uma espécie de lei geral de todas as leis e pode permitir às diferentes leis funcionarem como leis".[7] E o que Foucault pretende demonstrar é que a concepção de tal legitimidade fundamental supõe necessariamente fabricar certa imagem do sujeito como sujeito obediente: o cidadão.

A teoria da soberania baseia-se numa figura central da filosofia ocidental que é o sujeito de direito. Soberania e sujeito de direito formam as duas faces de um mesmo paradigma. Uma não funciona sem a outra. Ora, a princípio esse sujeito não é, ao contrário do que se acredita, um ser com consciência de seus direitos e que agiria de maneira a exercê-los e impô-los contra a razão de Estado. Ao contrário, trata-se de um "*sujeito a ser sujeitado*":[8]

6 Esse modo de análise acha-se, por essa razão mesma, consubstancialmente ligado a uma atitude, a uma maneira de o filósofo subjetivar-se como legislador, sonhar-se como homem universal. A teoria política pretende-se neutra. Ela gostaria de chegar depois da batalha, colocar-se no centro e acima da escaramuça. Sua função seria tornar possível um armistício e imaginar como fundar uma ordem reconciliadora. Mais genericamente, isso nos levaria a nos interrogar sobre as relações entre a filosofia e o Estado, entre o ponto de vista filosófico e o ponto de vista do Estado. Cf. Fabiani, Jean-Louis. *Les philosophes de la République*. Paris: Minuit, 1988.

7 Foucault, Michel. *Il faut défendre la société*, op. cit., p. 38. O grifo é meu.

8 Idem, ibidem. O grifo é meu.

> O que caracteriza o sujeito de direito? Obviamente, o fato de, por princípio, ele deter direitos naturais. Contudo, ele só se torna sujeito de direito, em um sistema positivo, com a condição de aceitar o princípio de cedê-los, aceitar pelo menos o princípio de renunciar-lhes, subscrever uma limitação desses direitos, aceitar o princípio da transferência. Isso significa que, por definição, o sujeito de direito é um sujeito que aceita a negatividade, que aceita a autorrenúncia, que aceita, de certa forma, cindir-se e ser, em um certo nível, detentor de certo número de direitos naturais e imediatos e, em outro nível, que aceita o princípio de renunciar-lhes e que, justamente por isso, se constituirá como outro sujeito de direito superposto ao primeiro. A divisão do sujeito, a existência de uma transcendência do segundo sujeito com relação ao primeiro, uma relação de negatividade, de renúncia, de limitação entre um e outro, é isso que irá caracterizar a dialética ou a mecânica do sujeito de direito, e é aí, nesse movimento, que despontam a lei e o interdito.[9]

O sistema "vontade-lei" modela-nos assim de uma maneira negativa, limitativa. Longe de ressaltar e valorizar as capacidades de resistência, indocilidade, reatividade, ele funciona como um princípio sujeitador.

A filosofia política situa-se, portanto, do lado da manutenção da ordem, do Estado. Não é um discurso da liberdade, da autonomia, do indivíduo. É um discurso da obediência; repousa em um ato de legitimação do soberano – ou de alguma coisa

9 Idem, ibidem, pp. 278-9.

que representa a soberania. Em outros termos, ela não se situa do lado das lutas sociais e seria incapaz de fornecer instrumentos de resistência, embora aos governantes forneça um discurso que lhes dá direito a governar.

Aliás, a ideia segundo a qual a axiomática jurídico-política, a linguagem do contrato social, da vontade geral, do "político", tem como função essencial acuar os movimentos de mobilização e contestação, conclamando-os à ordem política – servindo então para preservar o soberano de toda contestação radical capaz de colocar em perigo os fundamentos de sua dominação e a crença em sua legitimidade –, essa ideia constitui a questão principal do curso de Foucault no Collège de France intitulado *É preciso defender a sociedade*.

Para esse curso, Foucault escolhe como tema a obra de Thomas Hobbes, e não a de Rousseau. Colocam-se duas grandes questões: de um lado, por que, com que finalidade, em que contexto e contra quem Hobbes escreveu o *Leviatã*? E, de outro, como explicar que esse livro tenha se erigido em fundador da filosofia política moderna?

Foucault rompe com as leituras internas dos textos filosóficos para mostrar a que ponto o *Leviatã* é um livro político que participa de uma batalha ideológica: nada compreenderemos dessa obra se não levarmos em conta que Hobbes escreve contra um adversário bem preciso, opondo-se a um conjunto de discursos que circulam e até mesmo proliferam na Inglaterra em meados do século XVII. Esses discursos assumem a forma de análises históricas: narram a conquista dos normandos sobre os saxões, evocam a batalha de Hastings em 1066, a invasão da

Inglaterra pelas tropas de Guilherme, o Conquistador etc. Por que ressuscitar a lembrança desse passado? A fim de ressaltar que foi a guerra que presidiu o nascimento do Estado inglês. A origem da dominação política da realeza e da nobreza na Inglaterra é impura. Foi conquistada no sangue, na arbitrariedade de uma batalha, na subjugação de um grupo por outro. Por conseguinte, a Coroa inglesa não é legítima. Não é legalmente fundada para governar. Não representa o povo – mas um grupo particular de conquistadores que luta para manter sua dominação sobre outro.

Segundo Foucault, a importância desse tipo de discurso é mostrar como a prática da história pôde (logo, ainda pode) ser utilizada estrategicamente como arma contra o soberano.[10] A política não representa os cidadãos para além de seus interesses particulares. Não é o domínio do comum a todos, mas da conquista. É a "guerra continuada por outros meios": as leis, o direito e o Estado inscrevem-se em uma batalha original que eles prolongam. Seu objetivo é manter a relação de forças inicial pendendo para o lado dos vencedores: "O poder político, nessa hipótese, teria como papel reinscrever perpetuamente essa relação de forças, por meio de uma espécie de guerra silenciosa e reinscrevê-la nas instituições, nas desigualdades econômicas, na linguagem, até nos corpos de uns e outros".[11]

10 Idem, ibidem, p. 255. Um gesto idêntico inspira o "procedimento genético" de Pierre Bourdieu. Cf. Bourdieu, Pierre. *Sur l'État*. Paris: Seuil-Raisons d'Agir, 2012.

11 Foucault, Michel. *Il faut défendre la société*, op. cit., p. 16.

Ao evidenciar a guerra como traço permanente das relações sociais e políticas, esse procedimento genealógico conclama quase necessariamente à insurreição: recusando-se a considerar o soberano como nosso representante, revelando as origens nebulosas do Estado e, logo, apontando-o como um adversário, ele dá uma forma de necessidade lógica e histórica à revolta. E, segundo Foucault, é precisamente para calar esse historicismo, para neutralizar a potencialidade subversiva que ele comporta, que Hobbes teria escrito o *Leviatã*. Mais genericamente, inclusive, diz Foucault, o conjunto do discurso filosófico-jurídico da tradição ocidental construiu-se em uma obsessão pela luta, pela conflitualidade, consolidando-se em oposição aos discursos que codificam as relações políticas em termos de enfrentamento, isto é, que reinscrevem o Estado na guerra social em vez de reconhecer-lhe uma superioridade.

Com efeito, as noções de contrato, direito, cessão e representação permitiram a Hobbes forjar uma visão, uma narrativa e uma grade de inteligibilidade diferentes das que vigoram no discurso histórico da conquista. Para ele, a partir do momento em que os vencidos, os derrotados, os "fracos" preferiram a vida à morte, a partir do momento em que cederam e suspenderam a batalha, eles firmaram um contrato, aceitaram obedecer e, justamente por isso, "reconstituíram uma soberania. Fizeram de seus vencedores seus representantes, restauraram um soberano". Em outros termos, não é a guerra, a derrota, que funda de maneira brutal e fora da lei o nascimento do Estado; é a vontade dos vencidos de suspendê-la. É, diz Foucault, "o medo, a renúncia ao risco de morte. É isso que inaugura a ordem da soberania e um regime jurídico que é o do poder absoluto. A vontade que prefere a vida à morte: é isso que irá fundar a soberania, que é tão jurídica e legítima como a que foi constituída no modo da instituição e do acordo mútuo".[12]

Foucault percebeu claramente: o *Leviatã* infundiu medo na história do pensamento em razão de seu caráter radical, de seu elogio do absolutismo, de sua tendência a legitimar toda autoridade estatal estabelecida. E vários teóricos políticos virão a elaborar teorias diferentes, menos autoritárias, que concederão menos "direitos" ao soberano. Porém, para os filósofos, diz Foucault, é sempre preferível dar a mais do que a menos ao Estado. Em outros termos, o interesse principal que representa o estudo do dispositivo criado por Hobbes é mostrar a que ponto o discurso da teoria política é não apenas um discurso reativo, mas, igual e necessariamente, o discurso do Estado: as noções de contrato, vontade geral, cidadão, política etc. sempre tiveram como função desempenhar um papel de legitimação. Por conseguinte, esse paradigma nada tem de libertador. Ele funciona como um discurso da submissão, um discurso de governantes, um discurso a serviço da razão de Estado. Ele funda a constituição jurídica da soberania política a partir de um ato inaugural de sujeição, até mesmo de autossujeição, por meio do qual os sujeitos constituem-se ou são constituídos como sujeitos querendo ser governados. O que se situa nos antípodas de um procedimento crítico, que deve tomar como objeto essas relações de sujeição e estudar

12 Idem, ibidem, p. 82.

como elas fabricam subjetividades. Tais relações, portanto, não devem ser pressupostas ou colocadas como uma necessidade, e sim instaladas no centro da análise. É com a condição de desconstruí-las que seremos capazes de fornecer aos governados instrumentos para emancipar-se. Em outros termos, é necessariamente fora do âmbito da filosofia do direito e dos mitos da política que convém buscar os meios de fundar uma prática teórica da resistência, da luta e da insubmissão.

# A desobediência civil em questão

A desconstrução foucaultiana da filosofia política e da teoria do direito não se insere apenas, evidentemente, no âmbito de uma discussão histórica sobre as contribuições do pensamento da burguesia e do Iluminismo. Ela está ligada a preocupações políticas contemporâneas. Nesse contexto, nada mais natural que um dos alvos de Foucault seja a filosofia conservadora tradicional, que sempre utilizou a ficção da autonomia do político e do sujeito racional e de direito contra o marxismo, contra a ideia das lutas (e da luta de classes em especial) ou contra o determinismo sociológico.[1] Por outro lado, vale notar que essa controvérsia se desenrola igualmente no espaço da teoria radical. Ela remete à questão dos instrumentos da crítica, da maneira como é possível fundar um discurso de resistência à lógica de Estado e acompanhar os movimentos de insubmissão que aspiram a mais liberdade. Pois, segundo Foucault, uma prática que

1 Cf. Eribon, Didier. *D'une révolution conservatrice et de ses effets sur la gauche française*, op. cit.

adota por iniciativa própria as categorias jurídicas, que utiliza esse jogo de conceitos e tenta desqualificar o Estado presente recorrendo ao direito, à cidadania, a um "universal-por-vir" etc., condena-se a permanecer na esfera do regime da soberania: ela se opõe a um dado estado das relações de poder, mas não às relações de poder como tais. Em suma, ampara-se em um sistema sujeitador que ela não questiona.

Foi este, aliás, o núcleo do célebre debate de 1974, em que Michel Foucault enfrentou Noam Chomsky sobre a questão da desobediência civil.[2] Nessa controvérsia, Foucault ainda parece demasiado marcado pelas categorias de pensamento marxistas contra as quais se levantará em seguida. A menos que a utilização dessas categorias decorra do fato de que ele se limita a discutir Chomsky em seu próprio terreno e no interior do sistema estipulado por este último. Fato é que uma das questões centrais que permeiam esse debate é saber se existiria alguma coisa como "fundamentos" na insurreição operária – e, mais genericamente, nas manifestações de oposição política. É pertinente procurar justificar as mobilizações anti-Estado? Podemos ou devemos pensar tais ações com a ajuda de categorias jurídicas e tentar legitimá-las invocando o fato de que se inscreveriam no horizonte da legalidade, da justiça e da racionalidade?

A posição defendida por Chomsky é a mais clássica e tranquilizadora possível. Para ele, é necessariamente em nome da lei, em nome de uma justiça mais pura, que devemos tra-

2 Foucault, Michel; Chomsky, Noam. "De la nature humaine: justice contre pouvoir". In: *Dits et écrits*. Paris: Gallimard, 2001, t. 1, pp. 1.339-80.

var a luta dos oprimidos. A revolta contra o Estado opera-se em nome da ideia de uma sociedade melhor. Nesse sentido, cumpriria refutar os discursos que apresentam alguns de seus modos de ação como "ilegais". Essa qualificação repousaria sobre uma ratificação da definição da justiça e da lei tal como imposta pela ordem política instituída. Ora, segundo Chomsky, na realidade é a luta de classes que tem o direito ao seu lado – o verdadeiro direito, o direito racional. É ela que é justificada – ainda que o seja apenas por uma justiça ideal e uma legalidade superior vindoura. Portanto, inversamente, é o Estado atual que é o autêntico criminoso: "Quando realizo um ato que o Estado considera ilegal, estimo que ele seja legal; isto é, o Estado é criminoso".[3] Chomsky compara a luta de classes com os atos de resistência e desobediência contra as guerras imperialistas e, principalmente, contra a Guerra do Vietnã:

> Elementos interessantes contemplados nos princípios de Nuremberg e na carta das Nações Unidas autorizam, na verdade, *requerem* do cidadão que ele aja contra seu próprio Estado de uma maneira erroneamente considerada criminosa por este. Contudo, ele age dentro de toda legalidade porque o direito internacional proíbe a ameaça ou o uso da força nos assuntos internacionais, salvo em circunstâncias muito precisas das quais não faz parte a Guerra do Vietnã. Nesse caso específico, que me interessa amplamente, o Estado americano age como um criminoso. E as pessoas têm o direito de impedir os criminosos de cometerem barbaridades.

3 Idem, ibidem, p. 1.369.

> Não é porque o criminoso afirma, quando você procura detê-lo, que sua ação é ilegal, que isso é verdade.[4]

Chomsky, portanto, inscreve-se na axiomática jurídico--dedutiva pela via rousseauísta – a via da Revolução Francesa. Julga impensável não tentar fundar, legitimar, as revoltas – nem que seja para poder distinguir a que seria "justa" da que não seria. Conviria então dispor sempre de um critério de juízo, de uma norma para avaliar a realidade – e seria o raciocínio jurídico e a noção de direito que nos permitiriam isso: uma revolta será legítima, justa, quando for possível inscrevê-la na esfera de uma legalidade vindoura – ou melhor, submetê-la a tal legalidade – e definir a partir daí a situação presente como ilegal.[5]

Naturalmente, Foucault não recusa totalmente a ideia segundo a qual essa esfera pode, de certo ponto de vista, oferecer instrumentos de resistência. Mas nem por isso, segundo ele, deixa de ser altamente problemático embasar a luta social e política nessa aparelhagem conceitual jamais interrogada como tal. Pois as noções de "lei", "justiça" e "sujeito de direito" fazem parte do sistema que elas pretendem combater. Logo, necessariamente reproduzirão, no fim, efeitos de sujeição. Longe de nos proporcionar os meios de desfazer, de desconstruir os mecanismos do exercício da soberania política, elas ratificam, prolongam e naturalizam tais dispositivos:

4 Idem, ibidem. O grifo é meu.

5 Cf. Laugier, Sandra; Ogien, Albert. *Pourquoi désobéir en démocratie?*. Paris: La Découverte, 2010.

Parece-me que a ideia de justiça, em si mesma, é uma ideia que foi forjada e implantada em diferentes tipos de sociedades como instrumento de certo poder político e econômico ou como arma contra esse poder. De toda forma, contudo, parece-me que a noção mesma de justiça funciona no âmbito de uma sociedade de classes.[6]

E essa é a razão pela qual, conclui Foucault um pouco adiante,

ao contrário do que pensa, o senhor não pode me impedir de acreditar que essas noções de natureza humana, de justiça, de realização da essência humana sejam noções e conceitos formados na esfera de nossa civilização, de nosso tipo de saber, de nossa forma de filosofia, e que não podemos, por mais lastimável que seja, impor essas noções para descrever ou justificar um combate que deveria – que, em princípio, deve – subverter os próprios fundamentos de nossa sociedade.[7]

6 Foucault, Michel; Chomsky, Noam."De la nature humaine: justice contre pouvoir". In: *Dits et écrits*, t.1, op. cit., p. 1.373.

7 Idem, ibidem, p. 1.374.

# Impedir o *laissez-faire* do governo

Como sair do discurso do Estado? Como combater o Estado sem recorrer às armas, aos vocabulários, aos conceitos que nos inscrevem, de fato, em um dispositivo de Estado e que, portanto, nos constituem *eo ipso* como sujeitos obedientes, como sujeitos submetidos a um soberano? Foram essas as perguntas que Michel Foucault procurou responder a partir de meados dos anos 1970. A discussão é importante. Não porque se trataria exclusivamente, como se poderia acreditar, de elaborar uma nova teoria do poder, alternativa e até mesmo oposta à concepção tradicional. Na realidade, trata-se antes de refletir sobre os meios de que dispomos para escapar aos pensamentos do fundamento, para romper com o raciocínio jurídico e para nos libertar dos mitos da lei e do "político". Foucault gostaria aqui de adotar uma nova atitude: não se posicionar, como os filósofos políticos, do lado do Estado e dos governantes, mas, ao contrário, do lado dos governados, de seus combates e aspirações.

Em muitos aspectos, parece-me que o interesse de Foucault pelo liberalismo e o neoliberalismo só pode ser compreendido nesse contexto. Pois, segundo ele, se o neoliberalismo introduziu uma ruptura na história do pensamento, foi sobretudo porque mandou pelos ares os elementos constitutivos da filosofia política e do normativismo jurídico. Em outros termos, os conceitos de "mercado", "racionalidade econômica", *homo œconomicus* etc. foram percebidos como instrumentos críticos extremamente pujantes, permitindo desqualificar o modelo do Direito, da Lei, do Contrato, da Vontade Geral etc. Esse paradigma abre caminho para a possibilidade de falar outra linguagem que não a linguagem do Estado.

Assim, em *Nascimento da biopolítica,* Foucault opõe duas grandes tradições de análise do poder e do soberano. Há, de um lado, a via axiomática, jurídico-dedutiva, a via rousseauísta que mencionamos. Mas existe igualmente uma tradição francamente alternativa, cuja origem remonta ao radicalismo inglês. Essa tradição criou uma nova maneira de interrogar o Estado, de opor-se minimamente à razão de Estado. Sua característica primordial é que ela não joga o jogo do soberano. Ela não utiliza as categorias do direito. Não coloca a questão da legitimidade da ação do Estado. Interessa-se por uma coisa completamente diversa, a saber, sua "utilidade".

Quando analisamos as práticas governamentais, a atitude rotineira consiste em indagar se elas são "legítimas" ou não, se a ação de Estado tem um fundamento legal. Ora, a economia política, por sua vez, concebeu um novo modo de problematização. Ela examina as práticas governamentais "do lado de seus efeitos". Foucault pega o exemplo dos impostos.

Os liberais e radicais ingleses não levantarão o problema, não se perguntarão o que autoriza um soberano a auferir impostos. Simplesmente dirão:

> Quando cobramos um imposto, quando cobramos esse imposto num determinado momento, sobre tal categoria de pessoas ou sobre tal categoria de mercadorias, o que acontece? Pouco importa que esse direito seja ou não legítimo em termos de direito, o problema é saber que efeitos ele tem e se esses efeitos são negativos. É nesse momento que se dirá que o imposto em questão é ilegítimo ou, em todo caso, que ele não tem razão de ser. Mas é sempre no interior mesmo desse campo da prática governamental e em função de seus efeitos, não em função do que poderia fundá-la em direito, que a questão econômica será colocada.[1]

Segundo Foucault, portanto, a propriedade essencial do radicalismo e do liberalismo inglês consiste em terem conseguido emancipar-se, libertar-se do pensamento de Estado – em razão de uma desconfiança aguda a respeito dos dirigentes e governantes. O que essa tradição inaugurou foi uma maneira não política de analisar a política. Ela não vai, como os revolucionários e teóricos do Iluminismo, pensar em termos de direito, legitimidade, contrato etc., e sim avaliar a lei do ponto de vista de sua utilidade ou inutilidade, isto é, de suas consequências, daninhas ou não.

1 Foucault, Michel. *Naissance de la biopolitique*, op. cit., p. 17.

Foucault insiste no fato de que o neoliberalismo contemporâneo inscreve-se em tal filiação, reproduzindo voluntariamente esse modo de questionamento, essa maneira de problematizar, embora radicalizando-os e generalizando-os – como vemos especialmente nos Estados Unidos. A partir dos anos 1960, com efeito, a crítica neoliberal do Estado elegeu o mercado, o raciocínio mercadológico, como um instrumento de avaliação do governo. Os neoliberais formaram uma espécie de "tribunal econômico permanente" do governo a fim de julgar, pesar cada uma de suas atividades em nome da lei do mercado. Em outros termos, no dispositivo neoliberal, a forma-mercado é permanentemente voltada contra o governo. Não se trata mais, como no liberalismo clássico, de pedir ao Estado para "*laissez-faire*". Trata-se de partir do mercado para "impedir o *laissez-faire* do governo":

> A grade econômica poderá, deverá poder, permitir testar a ação governamental, verificar sua validade, permitir objetar à atividade do poder público seus abusos, seus excessos, suas inutilidades, suas despesas suntuárias. Em suma, com a aplicação da grade econômica, trata-se [...] de enraizar e justificar uma crítica política permanente da ação política e da ação governamental. Trata-se de filtrar toda a ação do poder público em termos de oferta e demanda, em termos de eficácia sobre os dados desse jogo, em termos de custos implicados por essa intervenção do poder público no campo do mercado. Trata-se, em suma, de constituir, com relação à governamentalidade efetivamente exercida, uma crítica que não seja uma crítica simplesmente política, que não seja uma crítica

simplesmente jurídica. É uma crítica mercadológica, o cinismo de uma crítica mercadológica oposta à ação do poder público.[2]

Foucault evidentemente não ignora os perigos que esse tipo de prática pode representar. A propósito, como exemplo de instituição que se atribui como objetivo avaliar a política em termos de custo e benefício, ele cita o American Enterprise Institute, centro nervoso da reação republicana contra o Estado de Bem-Estar Social e a implantação de medidas sociais pelos democratas.

No fundo, contudo, creio que seu interesse primordial é o gesto de insubmissão, ou melhor, a espécie de golpe de Estado desfechado pelos neoliberais. Os discursos que restam prisioneiros das categorias da política continuam inscritos no cerne do sistema do soberano. Decerto eles podem invocar esses direitos a fim de estabelecer marcos para o exercício do poder do governo (quando algumas de suas ações afiguram-se ilegítimas ou extrajurídicas), mas jamais contestar o fundamento da autoridade pública, interrogar a forma-Estado em si mesma e contestar sua pretensão fundamental de nos fazer obedecer. Recusando as categorias políticas, dissolvendo a prática governamental na economia, o neoliberalismo vai muito mais longe. Ele não se contenta em limitar o poder do soberano: "Até certo ponto, enfraquece-o, promovendo sua decadência".[3] A problemática neoliberal tem uma função de

2 Idem, ibidem, pp. 252-3.

3 Idem, ibidem, p. 296.

*desqualificação* do soberano. O cálculo econômico desmistifica o político, derruba-o do pedestal. A ideia segundo a qual seria preciso obedecer à lei porque ela seria legítima e a encarnação de uma "vontade" jurídica e geral é aqui rejeitada. Nenhuma autoridade particular lhe é reconhecida. Ela subordina-se à avaliação utilitarista. Não é dotada de valor em si mesma, mas apenas se os seus ganhos forem superiores a seus custos – de maneira que a própria ideia de obediência, de respeito à autoridade, não faz sentido no arcabouço neoliberal.

Eis a razão pela qual Foucault insiste no fato de que o mundo econômico e o mundo jurídico-político afiguram-se "heterogêneos e incompatíveis".[4] O *homo juridicus*, o sujeito de direito, é um homem que aceita a negatividade, a transcendência, a limitação, a obediência à lei, ao passo que o *homo œconomicus* nunca abre mão de seu interesse: ele se inscreve em uma mecânica decerto egoísta, mas, acima de tudo, sem transcendência, nunca interrompe o processo de maximização de sua utilidade em nome de exigências apresentadas como "superiores".[5] Ao fazê-lo, impossibilita a constituição de uma unidade política definida pela existência de um soberano – uma vez que esse processo necessita da renúncia a seus direitos, da transferência

4 Idem, ibidem, p. 286.

5 Idem, ibidem, p. 279. Vê-se, portanto, que não se trata aqui de elaborar uma crítica rudimentar do Estado em nome do indivíduo. Pois a tradição jurídica e a tradição econômica, embora sejam, ambas, tradições individualistas, não elaboram um mesmo conceito de indivíduo: num caso, este é construído como um sujeito obediente, ao passo que no outro o é como um agente que promove seus interesses.

desses direitos para outrem:[6] o *homo œconomicus* "integra-se ao conjunto do qual ele faz parte, ao conjunto econômico, não por uma transferência, uma subtração, uma dialética da renúncia, mas por uma dialética da multiplicação espontânea",[7] que é a do mercado livre e descentralizado, da troca, em que a vontade de cada um irá harmonizar-se com a vontade dos demais. O neoliberalismo substitui assim a coerção moral ou social pelos contratos; privilegia a forma-associações (no plural), em detrimento da organização de Estado.[8] Eis a razão pela qual ele pôde acompanhar determinadas utopias comunitárias, como em Robert Nozick, por exemplo, que define a sociedade neoliberal como um espaço indeterminado que possibilita a todos insurgir-se e criar novos mundos.[9]

O *homo œconomicus* afigura-se, portanto, como um ser ingovernável. Em outros termos, não devemos conceber essa figura simplesmente como o modelo ou uma ferramenta de conhecimento utilizada pela ciência econômica. Trata-se de um instrumento polêmico, de uma arma construída, sistematizada e teorizada a fim de sustentar um discurso de crítica do Estado, de questionamento do exercício da soberania. Nesse sentido, o neoliberalismo constitui uma das formas assumidas, em dado

6 Idem, ibidem, p. 286.

7 Idem, ibidem, pp. 295-6.

8 Cf. Arvon, Henri. *Les libertariens américains*. Paris: PUF, 1983.

9 Nozick, Robert. *Anarchie, État et utopie*. Paris: PUF, 1988, p. 365 [ed. bras.: *Anarquia, Estado e utopia*. São Paulo: Martins Fontes, 2011].

momento, pela "afirmação e reivindicação da independência dos governados" com relação à governamentalidade.[10] Eis a razão pela qual ele parece tão valioso aos olhos de Foucault. Pois, ao opor lógica jurídica e lógica neoliberal, *homo juridicus* e *homo œconomicus*, ele mostra a que ponto, nas sociedades contemporâneas, o poder político funciona mediante a obediência, a resignação e a negatividade. Daí resulta que sair desse dispositivo se revela uma tarefa urgente, que exige a invenção de modos de questionamento não políticos do político. Justamente por isso, Foucault convida-nos a repensar as condições de elaboração de uma prática emancipadora – e impõe-nos tomar consciência do fato de que uma crítica do neoliberalismo que fizesse a apologia do direito, da política ou da soberania não seria satisfatória, mas, ao contrário, potencialmente regressiva e reacionária.

10 Foucault, Michel. *Naissance de la biopolitique*, op. cit., p. 43.

# O *homo œconomicus*, a psicologia e a sociedade disciplinar

Gostaria, a fim de concluir essa exploração da relação de Foucault com o neoliberalismo, de evocar um último aspecto – mais difícil de abordar do que os precedentes, pois Foucault dedica-lhe somente poucas páginas em seu curso. Nesse sentido, poderíamos ser levados a crer que se trata de uma questão lateral e de importância relativa. Na realidade, parece-me tratar-se de um ponto central, uma vez que remete tanto à questão da norma, do funcionamento do poder disciplinar nas sociedades contemporâneas, como àquela, paralela, do papel da psicologia, da psiquiatria e da psicanálise.

Essa interrogação perpassa duas aulas de *Nascimento da biopolítica* dedicadas à economia da escolha racional, ao modelo do *homo œconomicus* e aos trabalhos de Gary Becker, principalmente. Essas aulas têm como objetivo apontar que não devemos considerar o neoliberalismo unicamente sob o aspecto de uma doutrina política ou filosófica. Convém igualmente levar em conta o fato de que ele propiciou à ciência econômica uma considerável renovação epistemológica.

Com efeito, Foucault assinala que, desde Adam Smith e até meados do século XX, a análise econômica era definida por seu objeto, apresentando-se como o estudo dos mecanismos de produção, troca e distribuição das riquezas. A economia era a ciência de uma porção específica da realidade – a realidade econômica, caracterizada, por exemplo, pelo consumo, o investimento, a divisão do trabalho, o crescimento etc. Ora, o neoliberalismo, especialmente em sua versão norte-americana, propôs outra concepção. Ele referiu a economia não a um objeto, mas a uma atividade: a ciência econômica é a ciência das escolhas racionais. Ela se define como "a análise da maneira como recursos escassos são alocados com fins concorrenciais". Foucault assinala:

> Em outras palavras, temos recursos escassos, temos, para a utilização eventual desses recursos escassos, não apenas um único fim ou fins que são cumulativos, mas fins entre os quais é preciso escolher, e a análise econômica deve ter como ponto de partida a maneira como os indivíduos fazem a alocação desses recursos escassos com fins que são fins alternativos.[1]

Essa redefinição da disciplina econômica – formulada pela primeira vez por Lionel Robbins – desempenhou um papel considerável na história do pensamento ao inaugurar um movimento apontado como o imperialismo da economia em ciências sociais: a partir do momento em que

1 Foucault, Michel. *Naissance de la biopolitique*, op. cit., p. 228.

a economia se coloca como a ciência das escolhas racionais, como o estudo da maneira pela qual os indivíduos decidem alocar seus recursos nesse empreendimento e não naquele, então ela está no direito de atribuir-se como projeto analisar o conjunto dos comportamentos humanos, e não apenas os tradicionalmente codificados como econômicos: ter filhos ou não, casar-se ou não, cuidar da saúde ou não, empreender estudos ou não, drogar-se ou não... Essas ações constituem decisões que resultam de cálculos explícitos ou implícitos, pertencendo, portanto, de direito, à esfera de uma análise econômica.

Um dos golpes de força do neoliberalismo consiste, por conseguinte, em propor decifrar todo um conjunto de realidades e referências não mercadológicas em termos mercadológicos. O homem não é mais pensado como um ser compartimentado que adotaria raciocínios econômicos para suas ações econômicas, mas que obedeceria a valores sociais, morais, políticos, psicológicos, éticos etc., em outros domínios de sua existência. Ele é conceitualizado como um ser unificado, coerente. Portanto, ele deve aplicar o cálculo econômico a todas as coisas, isto é, comportar-se como uma pequena empresa que, pressionada pelos recursos de que dispõe, buscasse a cada instante maximizar sua utilidade: o neoliberalismo propõe utilizar o modelo de *homo œconomicus* como grade de inteligibilidade de todos os atores e todas as ações.[2]

2 Becker, Gary. *The Economic Approach of Human Behaviour*. Chicago: Chicago University Press, 1976, p. 14.

Sabemos que essa figura do homem como criatura racional constitui provavelmente uma das facetas mais desacreditadas da disciplina econômica em sua versão "ortodoxa". Ela é constituída como um contraste negativo. E demonstraria que o neoliberalismo tende a nos apresentar sob os traços mutilados de criaturas interesseiras, materialistas, egoístas, fazendo-nos passar por monstros frios e máquinas de calcular (para repetir Marcel Mauss), enquanto seríamos criaturas complexas, pessoas definidas por afetos, emoções e paixões, valores espirituais etc. Mesmo nos setores da teoria crítica que pretendem constituir o indivíduo como um valor de esquerda e o individualismo como um projeto emancipador, é chocante constatar que, contra o *homo œconomicus*, levante-se a figura antimaterialista e antiutilitarista da pessoa dotada de sentido, afetividade e senso moral – segundo uma retórica espantosamente próxima do personalismo cristão.

Michel Foucault não recorre, em *Nascimento da biopolítica*, a esses modos de desqualificação. Muito pelo contrário, interroga-se sobre a produtividade do modelo do *homo œconomicus*, sobre a fecundidade do gesto que consiste em utilizar esse esquema para analisar os comportamentos. E, nessa esfera, desenvolve longamente um exemplo bastante específico, o do crime, da punição e da política penal, tal como estudado pelo economista americano e Prêmio Nobel Gary Becker em célebre artigo de 1968, intitulado "Crime e punição".

Obviamente não é por acaso que Foucault opta por desenvolver esse exemplo. Sabemos que o estudo dos fenômenos de "desvio", do modo como são codificados, construídos e problematizados, constituiu para ele um excelente revelador da maneira como funciona o poder "disciplinar" nas sociedades contemporâneas.

A partir de meados dos anos 1970, em seus cursos *O poder psiquiátrico* e *Os anormais*, no Collège de France, e depois, naturalmente, em *Vigiar e punir*, Michel Foucault dedicou-se a analisar as metamorfoses do sistema penal e da representação do criminoso a partir do fim do século XIX. Um dos objetivos que permeiam sua reflexão é mostrar a que ponto o surgimento da especialidade psiquiátrica na instituição judiciária contribuiu para transformar radicalmente a percepção e o tratamento do criminoso. Este não é mais concebido como um simples "infrator", ou seja, segundo Foucault, um indivíduo definido por seus atos, pelo que fez. A perícia psicológica impõe a ideia de que o crime é igualmente, e talvez mesmo antes de tudo, a manifestação de uma vida perversa, de tendências desviantes, de pulsões imorais e inclinações desorganizadas, contraídas sobretudo durante a infância. Donde ele não se reduz mais a um simples ato de transgressão da lei. É um comportamento que se enraíza numa psicologia. O criminoso deixa de ser concebido como um homem normal; ele é construído como uma "personalidade à parte". Foucault declara, em *Os anormais*:

> A perícia psiquiátrica permite revestir o delito, tal como é qualificado pela lei, de toda uma série de outras coisas que não são mais o próprio delito, mas uma série de comportamentos, de maneiras de ser que, naturalmente, no discurso do perito psiquiatra, são apresentados como a causa, a origem, a motivação e o ponto de

partida do delito. Com efeito, na realidade da prática judiciária, eles vão constituir a própria substância, a matéria passível de punição.[3]

A importância histórica desse dispositivo prende-se ao fato de que ele redefiniu a concepção do que seja um criminoso e, logo, a significação do que seja um crime em sua relação com a lei. O crime torna-se alguma coisa a mais que uma conduta ilegal. É a consequência e a manifestação de uma irregularidade no que concerne a normas éticas:

> A perícia psiquiátrica permite constituir um simulacro [*doublet*] psicológico-ético do delito. Isto é, deslegalizar a infração tal como formulada pelo código, para, atrás dela, descortinar o seu duplo, que se lhe assemelha como um irmão ou uma irmã, não sei, e que a torna não mais, justamente, uma infração, no sentido legal do termo, mas uma irregularidade com respeito a certo número de regras que podem ser fisiológicas, psicológicas ou morais.

E conclui: "O que é proposto naquele momento pelo psiquiatra não é a explicação do crime: é, na realidade, a coisa mesma que cumpre punir e que o aparelho judiciário deve açambarcar e controlar".[4]

Em outros termos, o surgimento da psiquiatria, do poder psiquiátrico, contribuiu para conferir uma nova tessitura às

3 Foucault, Michel. *Les annormaux. Cours au Collège de France*. Paris: Gallimard-Seuil, 1999, p. 15 [ed. bras.: *Os anormais*. São Paulo: WMF/Martins Fontes, 2010].

4 Idem, ibidem, pp. 16-7.

divisões estabelecidas pela lei. A separação entre o lícito e o ilícito foi revestida de um conjunto de outras significações. Doravante ela separa igualmente o moral do imoral, o normal do anormal etc. O sistema judiciário não se encontra mais às voltas com um "infrator", mas com um "delinquente". A criminalidade não é mais apreciada de um ponto de vista legal, mas de um ponto de vista psicológico-moral. Nesse sentido, o poder psiquiátrico forja um novo tipo de homem, o *homo criminalis*, caracterizado pelo fato de que é menos seu ato do que sua vida que é pertinente para defini-lo. O que implica não apenas que se tornou impossível apreendê-lo sem o conhecimento de sua biografia e seu modo de existência (o delinquente não é obrigado a responder apenas pelo que fez, sendo interrogado sobre o que é), mas também – e igualmente importante – que o criminoso existe de certa forma antes de seu crime (e, radicalizando, fora de si), esse ato constituindo apenas a manifestação derradeira de disfunções psicológicas ou morais preexistentes.[5]

Foucault ressalta o quanto essa psicologização do domínio da criminalidade contribuiu para modificar a função da pena e o papel da instituição judiciária: estas não operam mais somente para reprimir um ato ou impor uma reparação do prejuízo. Elas se integram em um dispositivo de custódia e de recuperação do criminoso. Pois o "anormal" não deve mais ser punido apenas no sentido penal do termo. Deve ser reeducado, corrigido, transformado. A reconceitualização do crime por

5 Idem, *Surveiller et punir*. Paris: Gallimard, 1975, p. 292 [ed. bras.: *Vigiar e punir: história da violência nas prisões*. Petrópolis: Vozes, 1984].

parte da psiquiatria desembocou assim na instauração de um novo tipo de poder, na encruzilhada do médico e do judiciário: o poder de "normalização". E este, evidentemente, não surgiu do nada nem de maneira autônoma: ele representa uma das modalidades do nascimento das disciplinas como técnicas modernas de controle e amestramento dos indivíduos.

Como Didier Eribon demonstrou, uma das ideias centrais desenvolvidas por Foucault, a partir de meados dos anos 1970, é que a mecânica do poder em nossas sociedades acha-se consubstancialmente ligada ao surgimento e à disseminação da "função-psi", isto é, da psiquiatria e da psicanálise, bem como das noções de interesse, interioridade, personalidade, inconsciente familiar etc. Por conseguinte, uma crítica radical das normas sujeitadoras não seria capaz de fazer a economia de uma crítica radical da concepção psicológica do sujeito.[6]

Daí, precisamente, Foucault ter-se mostrado tão intrigado diante do pensamento neoliberal, em especial diante de sua maneira de analisar o crime. Esta, marcada por um antipsicologismo fundamental, pareceu-lhe, com efeito, suscetível de abrir caminho para uma desconstrução do discurso psiquiátrico e do paradigma disciplinar.

De fato, o antipsicologismo constitui o ponto metodológico básico da economia neoclássica: é seu fundamento negativo. Gary Becker enuncia isso de maneira especialmente veemente na introdução de seu livro *A abordagem econômica do comportamento humano*. Nele, insiste no fato de que a economia moderna

6 Eribon, Didier. *Échapper à la psychanalyse*. Paris: Léo Scheer, 2005.

atribui-se como projeto romper com as ciências que pretendem explicar o comportamento dos indivíduos invocando seus gostos, inclinações morais, psicologia, cultura, identidade etc. Segundo ele, tal atitude é simplista. Leva a propor explicações preguiçosas e não raro quase tautológicas. Além do mais, as análises desse tipo referem-se a realidades inobserváveis, a características mentais "internas" mais pressupostas do que estabelecidas objetivamente. Eis a razão pela qual a economia procura partir do postulado inverso, pressupondo que os indivíduos são idênticos e possuem gostos e aversões comparáveis.[7] Por conseguinte, ela evitará por princípio explicar a diferença de seus comportamentos pela diferença de seus traços "psicológicos". A única forma de ela dar conta da variabilidade das práticas será invocar a diferença dos meios ambientes com os quais as pessoas são confrontadas, a dessemelhança dos contextos em que elas vivem. Em outros termos, a economia trata os atores como *homo œconomicus* superponíveis, mas que se veem colocados em situações distintas. O que abre caminho para uma politização da quase totalidade das dimensões da existência humana.

Nesse sentido, é fácil compreender em que medida a aplicação do modelo do *homo œconomicus* ao crime transformará radicalmente a percepção desse fenômeno e de suas "causas": pois, aqui, não se presumirá em hipótese alguma que o criminoso difere do "conforme". Não se lhe atribuirão características

7 Stigler, George J.; Becker, Gary S. "De gustibus non est disputandum". *The American Economic Review*, v. 67, n.2, pp. 76-90, mar./1977.

psicológicas ou inclinações singulares, perversas. Desenvolver atividades criminosas ou, inversamente, atividades legais não manifesta tendências inscritas num psiquismo. Essa escolha depende pura e simplesmente das incitações objetivas recebidas pelos indivíduos, dos benefícios (ou custos) que eles são suscetíveis de auferir ao realizar tal ato em vez de outro: o crime é um ato racional. Um criminoso é simplesmente alguém que assume o risco de ser punido pela lei porque, na situação concreta em que ele se vê, a antecipação do ganho do crime é superior à antecipação da perda que ele sofrerá se for preso e punido.[8]

A importância desse tipo de análise é, em primeiro lugar, desdramatizar a reflexão sobre o crime, livrá-la da influência que exercem sobre ela as categorias morais e moralizantes. Mas, sobretudo, a economia neoclássica, e Gary Becker em particular, resgata o criminoso das garras do psiquiatra. Com efeito, diz Foucault, se definirmos o crime como

> a ação que um indivíduo comete assumindo o risco de ser punido pela lei, vocês veem então que não há nenhuma diferença entre uma infração ao código de trânsito e um assassinato premeditado. Isso quer dizer igualmente que o criminoso não é de forma alguma, nessa perspectiva, marcado ou interrogado a partir de traços morais ou antropológicos. O criminoso é apenas qualquer um.

8 Becker, Gary. *The Economic Approach of Human Behaviour*, op. cit., pp. 40-6. Ver também, do mesmo autor, "The Economic Way of Looking at Life", *Nobel Lecture*, 1992.

A economia clássica neoliberal produz assim o que Foucault chama de um "apagamento antropológico do criminoso". Ela nega a pertinência das operações de classificação dos indivíduos entre normais e anormais, bem como todas as distinções que puderam ser introduzidas entre "criminosos natos, criminosos de ocasião, perversos ou não perversos, reincidentes etc.". Tudo isso, diz Foucault, "não tem mais importância".[9] Por conseguinte, é o conjunto do sistema penal que desmorona e se vê, junto com o neoliberalismo, potencialmente desestabilizado, uma vez que esse sistema repousa na patologização do criminoso e no poder psiquiátrico:

> Nessa medida, vocês veem que aquilo de que o sistema penal terá de se ocupar não é mais essa realidade desdobrada do crime e do criminoso. É uma conduta, uma série de condutas que produzem ações – ações das quais os atores esperam um ganho – que são afetadas por um risco específico que não é simplesmente o da perda econômica, mas o do risco penal ou ainda dessa perda econômica que é infligida pelo sistema penal. O sistema penal terá então de lidar não com criminosos, mas com pessoas que produzem esse tipo de ações.[10]

Isso permite compreender por que Michel Foucault percebeu o neoliberalismo como uma instância de crítica radical dos fundamentos do exercício do poder disciplinar.

9 Foucault, Michel. *Naissance de la biopolitique*, op. cit., p. 264.

10 Idem, ibidem, p. 258.

Há, com efeito, uma relação consubstancial entre as disciplinas e a psicologia: é a disciplina que caracteriza esse tipo de poder que se atribui como projeto investir e instituir os psiquismos. Ela pretende corrigir os indivíduos interiormente mediante mecanismos de sujeição internos. Essa concepção aparece, por exemplo, na redefinição atual da função da lei tal como a estudou Marcela Iacub, lei que se erige cada vez mais como instância simbólica destinada a agir sobre as subjetividades e a regular, mais do que as consciências, os comportamentos.[11] Ora, o antipsicologismo da economia leva-a a desqualificar essa imagem do poder. Este não deve agir sobre os jogadores: deve limitar-se apenas a intervir nas regras do jogo, nas variáveis do contexto. Ele deve retirar-se dos cérebros e ter como único ponto de aplicação as coordenadas exteriores às quais os indivíduos são confrontados e respondem. Em outros termos, a política neoliberal não é disciplinar. Ela encarna uma tentativa para resistir a essa concepção do poder em nome de outro tipo de política, que será definido como uma política estritamente "ambiental".[12]

Contudo, por outro lado, parece-me importante assinalar que, ao redefinir o campo legítimo de intervenção do poder, o neoliberalismo promove igualmente uma visão de mundo e

11 Iacub, Marcela. "Le couple homosexuel, le droit et l'ordre symbolique". In: *Le crime était presque sexuel*. Paris: Flammarion, 2009. Ver também: "L'esprit des peines: la prétendue fonction symbolique de la loi et les transformations réelles du droit penal en matière sexuelle". *L'Unebévue*, n.20, pp. 9-28, 2002.

12 Foucault, Michel. *Naissance de la biopolitique*, op. cit., p. 274.

um projeto de sociedade que nada têm a ver com o projeto de uma sociedade disciplinar.

Foucault insiste longamente no fato de que a construção psiquiátrica de certo número de indivíduos como "anormais" acha-se consubstancialmente ligada à instauração de mecanismos de reeducação e normalização. Em outros termos, a sociedade disciplinar é construída no horizonte da norma. Ela valoriza a conformidade. Ela intervém nos indivíduos por procedimentos de sujeição internos destinados a amestrá-los, regulá-los, predispô-los a jogar segundo as regras do jogo. Idealmente, a sociedade disciplinar seria uma sociedade sem crime, sem desvio, sem diferenças. Claro, uma das características do poder disciplinar é que ele funciona por individuação, que ele fabrica indivíduos. Mas essa ação particularizada tem justamente por função tornar essas operações de amestramento mais eficazes.[13]

Ora, a aplicação do raciocínio econômico à política penal introduzirá uma ruptura com relação a essa visão das coisas. Os economistas partem de uma constatação simples: diminuir a delinquência (o que eles chamam de *enforcement*) decerto é benéfico. Ao mesmo tempo, porém, essa luta tem um preço – em termos de efetivos policiais, funcionamento da justiça etc. Por conseguinte, a própria ideia de suprimir totalmente o crime, de identificar e punir o conjunto dos criminosos, é absurda. O custo de tal política seria exorbitante, desproporcional, isto é, amplamente superior aos benefícios que a

13 Idem, *Surveiller et punir*, op. cit., p. 200.

sociedade extrairia. E a partir disso os neoliberais passaram a empreender uma reformulação da política penal. Não se trata mais de se perguntar, a exemplo do que se fazia classicamente, como lutar contra o crime e como reprimi-lo. Trata-se antes de determinar – aqui Foucault cita Gary Becker – "quantos delitos devem ser permitidos [...], quantos delinquentes devem ser deixados impunes".[14]

Por conseguinte, qual é o ideal, o horizonte de uma sociedade neoliberal? Não é absolutamente o da normalização. A concepção dos economistas, segundo Foucault, é que uma "sociedade não tem uma necessidade indefinida de conformidade":

> A sociedade não tem nenhuma necessidade de obedecer a um sistema disciplinar exaustivo. Uma sociedade convive bem com certa taxa de ilegalismo e se veria em grandes dificuldades se quisesse reduzir indefinidamente essa taxa de ilegalismo.[15]

Portanto, a sociedade neoliberal não estabelece como objetivo normalizar os indivíduos, controlá-los. Ela é uma sociedade da pluralidade. É marcada por algo como uma "tolerância" concedida aos indivíduos "infratores" e às práticas minoritárias. Não procura suprimir os "sistemas de diferenças", mas otimizá-los, por meio da implantação de sistemas descentralizados de compensação entre os agentes.

14 Idem, *Naissance de la biopolitique*, op. cit., pp. 261-2.

15 Idem, ibidem, p. 261.

Naturalmente, e Foucault sabe disso, esse projeto de sociedade constitui uma pura construção intelectual. Mas o uso que ele faz dela permite apreender o que pretendia quando se propunha a aproveitar o neoliberalismo como um teste, como um instrumento de crítica da realidade e do pensamento. Pois o que Foucault enfatiza por meio da imagem do *homo œconomicus* é que uma representação do ato criminoso diferente da fornecida pela psicologia ou pela psiquiatria é viável. Com isso, vem abaixo a pretensão da psiquiatria de oferecer uma descrição fiel de um dado empírico (o homem "concreto", o homem tal como é, o homem em sua verdade). Se outras construções que não o discurso psicológico são concebíveis, isso significa que este constitui igualmente uma construção. O caráter fictício do *homo œconomicus* permite então, por contraste, revelar a profusão de hipóteses implícitas e escolhas arbitrárias sobre as quais repousa o poder psiquiátrico – e a figura do "anormal" parece assim pertencer igualmente à esfera do artificial.

O raciocínio econômico, o raciocínio por modelo e abstração, é frequentemente vilipendiado por seu irrealismo. Mas vemos que ele encarna um poderosíssimo instrumento de desnaturalização: ele questiona a imagem que formamos da realidade; ele nos obriga a romper com a adesão espontânea que concedemos a esta; ele nos confronta com a possibilidade de imaginar outras formas de observá-la e construí-la, ao contrário da abordagem etnográfica dominante em ciências sociais, que desemboca em análises que fazem pleonasmo com o mundo. A analítica neoclássica oferece armas para desfazer a influência dos modos de pensamento psicologizantes e morais, para travar a mecânica implacável do funcionamento do poder disciplinar. Em outros termos, reconstituir o que o neoliberalismo produz não representa um objetivo em si. É uma estratégia. Para Foucault, é uma tática teórica que permite entrever a forma que poderia assumir uma ofensiva contra a sociedade disciplinar: é um dos pontos de apoio possíveis para a elaboração de práticas de "dessujeição".

# Sobre o autor

Geoffroy de Lagasnerie é sociólogo e filósofo. Doutor em sociologia pela École des Hautes Études en Sciences Sociales, é professor dessa disciplina no Institut d'Études Politiques de Paris (Sciences-Po). É autor de *Logique de la création* (Fayard, 2011), *Sur la science des œuvres* (Cartouche, 2011) e *L'empire de l'université* (Amsterdam, 2007). Atualmente, escreve um livro sobre a tradição americana da Academic Freedom e os debates a respeito da liberdade de opinião e de ensino nas universidades.

Este livro foi composto na fonte Albertina
e impresso em maio de 2013 pela Corprint,
sobre papel pólen soft 80 g/m².